Ute Bendt | Claudia Erle

Aus bewährter Praxis die eigene Kita-Konzeption entwickeln

Eine Anleitung in 8 Schritten

Verlag an der Ruhr

Titel
Aus bewährter Praxis
die eigene Kita-Konzeption entwickeln

Autorinnen
Ute Bendt, Claudia Erler

Coverfotos
Ute Bendt, Claudia Erler

Fotos im Innenteil
Ute Bendt, Claudia Erler, www.fotolia.com

Verlag an der Ruhr
Mülheim an der Ruhr
www.verlagruhr.de

Geeignet für die Altersstufen 0–6

Unser Beitrag zum Umweltschutz
Wir sind seit 2008 ein ÖKOPROFIT®-Betrieb und setzen uns damit aktiv für den Umweltschutz ein. Das ÖKOPROFIT®-Projekt unterstützt Betriebe dabei, die Umwelt durch nachhaltiges Wirtschaften zu entlasten.
Unsere Produkte sind grundsätzlich auf chlorfrei gebleichtes und nach Umweltschutzstandards zertifiziertes Papier gedruckt

ISBN 978-3-8346-0412-5

Printed in Germany

Schritt 6: Die Diskussionsphase

Schritt 7: Das schriftliche Formulieren und Gestalten

Schritt 8: Entwicklung von Qualitätsstandards

Anhang

Einleitung

Tiefes Durchatmen, Stöhnen, die Bitte nach einem weniger „trockenen" Thema, die unvermeidlichen Sätze: *„Muss das sein? Wir haben doch eine Konzeption. Es geht doch vielmehr um unsere praktische Arbeit mit den Kindern und Eltern!"* – das sind typische Reaktionen von Leiterinnen[1] und Erzieherinnen aus Kindertagesstätten während unserer Fortbildungen zum Thema Konzeption.

„Oh Gott, was kommt da für ne' Arbeit auf uns zu."

„Ich stell mir das als großes Gewühle vor."

„Ich stell mir das als Leitfaden vor."

„Wenn du feststellst, es funktioniert in der Praxis nicht, dann musst du wieder von vorn anfangen."

„Das wird dann eben nicht dem Selbstlauf überlassen."

„Da muss man realistisch rangehen. Oder ist das nur ein Wahlkampfversprechen?"

„Man hat es im Kopf, aber man kriegt es nicht so raus. Wie soll man das denn formulieren?"

„Mein erstes Konzept war vor einigen Jahren die Arbeit von Studenten, die bei uns ein Praktikum gemacht haben, da ich nicht wusste, was das soll und wozu ich das machen soll."

So und so ähnlich äußern sich viele Teilnehmerinnen zu Beginn der Arbeit an der Konzeption. Und schnell erkennt man: Offensichtlich ist der enge Zusammenhang zwischen einer guten Konzeption und der täglichen praktischen Arbeit bei vielen noch nicht genügend verinnerlicht worden.

Die Konzeption einer Einrichtung ist nicht nur eine theoretische Basis für die praktische Arbeit. Es sind nicht nur ein paar beschriebene Seiten Papier, die vom Träger abgesegnet werden und rechtliche Grundlagen enthalten. Die Konzeption ist kein „notwendiges Übel", das abgehakt werden muss, dann möglichst unangetastet im Schrank verweilt und bei Bedarf aus der Versenkung geholt wird. In allererster Linie ist eine gute Konzeption der unverzichtbare Identifikations-Mittelpunkt für jede Mitarbeiterin einer Einrichtung. Ist dies gegeben, erleichtert das jede weitere gemeinsame Arbeit in einem hohen Maße.

Eine andere Erfahrung, die wir wiederholt gemacht haben: In den Kitas stehen genügend Fachbücher zum Thema Konzeption im Regal. Gute Bücher. Doch deren Inhalte sind in den jeweiligen Konzeptionen nicht wiederzufinden. Warum konnten die Erzieherinnen das Gelesene nicht umsetzen? Die Antworten ähneln sich: *„Diese Bücher sind bestimmt gut, aber wir brauchen etwas Praktischeres, etwas ganz Konkretes, so etwas wie eine Übersetzung."*

Hier ist sie. Wir möchten, dass Sie, die Leiterinnen und Erzieherinnen von Kindertagesstätten, sich in diesem Buch wiedererkennen und verstanden fühlen. Das betrifft sowohl Ihren Wissensstand als auch gefühlsmäßige, zeitliche und finanzielle Komponenten.

[1] Um den Lesefluss nicht zu behindern, haben wir im gesamten Buch grundsätzlich die weibliche Form gewählt. Natürlich sind damit auch immer Männer gemeint, also Erzieher, Pädagogen, Kitaleiter etc.

Wir holen Sie dort ab, wo Sie sind – in der praktischen täglichen Arbeit mit Kindern. Dieses Buch liefert Ihnen eine praktikable Lösung zur Erstellung oder Umgestaltung einer eigenen Konzeption. Grundlage unserer Methode ist der Aufsatz „Wie entwickeln wir ein pädagogisches Konzept im Kindergarten?" von Prof. Dr. Arnulf Hopf[2], den wir jedoch weitestgehend überarbeitet und erweitert haben.

In acht Schritten führen wir Sie von der Idee zur fertigen Konzeption.

Diese sind:

1. **Sensibilisieren**
2. **Verantwortlichkeiten klären**
3. **Hintergründe aufdecken**
4. **Brainstorming**
5. **Wertigkeiten festlegen**
6. **Diskussionsphase**
7. **Das schriftliche Formulieren und Gestalten**
8. **Evaluieren**

Zu jedem der acht Schritte gibt es eine oder mehrere Teamsitzungen, die wir jeweils mit detaillierten Ablaufplänen beschreiben. Sie finden Hinweise zur Vorbereitung, den Rahmenbedingungen, Zeitangaben und konkrete Checklisten mit dem benötigten Material.
Die Symbole, die zu Beginn der Ausführungen erläutert werden und sich durch das gesamte Buch ziehen, vereinfachen Ihnen die Umsetzung unserer Vorschläge.

Wir erläutern Ihnen Schritt für Schritt, wie Sie sich einer eigenen Konzeption nähern und sich diese erarbeiten. Diese Methode gewährleistet von Anfang an, dass das Team zusammenarbeitet und jede einzelne Kollegin sich einbringt.
Denn im Optimalfall hat die Entwicklung einer Konzeption immer zwei Komponenten: Zum einen soll ein Produkt, nämlich die eigentliche Konzeption, erstellt werden. Zum anderen geht es aber auch um etwas noch viel Wertvolleres: Die Teamentwicklung.

Sie werden sehen, wie Sie im Laufe der Arbeit an der Konzeption als Team zusammenwachsen. Wie Sie die Stärken Ihrer Einrichtung und jeder einzelnen Mitarbeiterin erkennen und an den Schwächen arbeiten. Und wie Sie schließlich eine Konzeption erhalten, die nicht nur leere Formulierungen enthält, sondern die Grundlage Ihrer täglichen, gemeinsamen Arbeit mit den Kindern ist: Eine Konzeption, mit der sich alle identifizieren können, und die Sie tatsächlich leben.

Die Methode der acht Schritte hat sich in der Praxis mehrfach bewährt, sodass wir Ihnen guten Gewissens eine Erfolgsgarantie geben können.
Unser Anspruch ist zusammengefasst folgender: Betrachten Sie das Buch als Werkzeug und verständliche Gebrauchsanleitung für die Entwicklung einer individuellen Konzeption für Ihre Einrichtung.

Wir wünschen Ihnen viel Erfolg für Ihre Arbeit!
Ute Bendt und *Claudia Erler*

Noch ein Wort zu der Anrede:
Dieses Buch enthält konkrete Handlungsanweisungen für die Leiterin (Moderation) sowie die jeweiligen Aufgaben für das Team inkl. Checklisten und Kopiervorlagen. Dementsprechend wird häufig die Leiterin direkt angesprochen. Selbstverständlich ist dieses Buch aber für alle gedacht, die in einer Einrichtung mit Kindern arbeiten oder sich dafür interessieren.

[2] Nachzulesen unter: http://www.kindergartenpaedagogik.de/190.html

Die Grundregeln der Konzeptionserstellung

Kennen Sie diese Situationen? Die nächste Leistungsvereinbarung[3] steht an, das Jugendamt fordert eine neue Qualitätsbeschreibung, ein Trägerwechsel ist geplant, neue Mitarbeiterinnen sollen eingestellt oder „neue Eltern" über die Kita informiert werden, ein neues pädagogisches Profil muss her, die Schule will die Konzeption vom Hort sehen, die gesamte Arbeit im Team läuft nicht besonders gut …

Dies sind Momente, in denen Erzieherinnen vor einer wichtigen und oft gefürchteten Aufgabe stehen: Sie müssen sich mit der Konzeption ihrer Einrichtung auseinandersetzen. Das kann bedeuten, diese überhaupt erst einmal zu verfassen oder sie nach neuen Maßstäben zu überarbeiten.

Kaum eine Leiterin ist jetzt begeistert. Nicht nur, dass ihre Zeit ohnehin schon knapp bemessen ist, nun kommt auch noch ein großer Erwartungsdruck von außen hinzu. Die Konzeption muss natürlich gut sein, schlüssig, dem Bildungs- und Rahmenplan des jeweiligen Bundeslandes sowie den Vorstellungen des Trägers entsprechen, den Eltern gerecht werden, den Kolleginnen gefallen, und vor allem soll sie professionell sein!

Um bereits im Vorfeld einige Stolpersteine zu vermeiden, haben wir für Sie die wichtigsten Grundregeln zusammengestellt. Im Anhang (S. 81) finden Sie sie zudem noch einmal als Plakat, das Sie sich zur Erinnerung während Ihrer Sitzungen aufhängen können.

[3] Leistungsverträge werden individuell mit den jeweiligen Kindertagesstätten abgeschlossen. Diese sind u.a. abhängig von der Konzeption, der pädagogischen Ausrichtung, dem Personalschlüssel, der Ausstattung, den Gruppenstrukturen, der Anzahl der Betreuungsplätze etc.

Die sechs Regeln begleiten Sie durch das gesamte Buch. Sie erkennen sie an den Symbolen, die Ihnen die Orientierung vereinfachen und gleichzeitig Zusammenhänge verdeutlichen.

Regel Nr. 1:

Eine gute Konzeption ist individuell und einmalig.

Was nun? Wo ist sie überhaupt, die Konzeption? Die hatte ich doch vor einem halben Jahr mal kurz in der Hand. Sieht die überhaupt noch gut aus? Wann soll die fertig sein, in drei Wochen? Hilfe, das schaffe ich doch nie! Ich könnte mit den Kolleginnen sprechen, aber viele Köche verderben den Brei; und dann reden wieder alle durcheinander, und das kostet viel zu viel Zeit. Da bin ich alleine schneller, und ich kann alles, was mir wichtig ist, einarbeiten. Ich habe ja auch noch Konzeptionen von anderen Kitas, da finde ich bestimmt Passagen, die ich so übernehmen kann. Im Internet suche ich mir auch noch Beispiele. Dann kann ja nicht mehr so viel schiefgehen.

Ja, und da liegt sie nun, die so entstandene Konzeption. Ein Mosaik aus fremden Köpfen und Häusern. Klingt eigentlich ganz akzeptabel. Der Haken an der Sache:
Die Folgen lassen nicht lange auf sich warten. Eine solche Konzeption wird niemals dazu führen, dass die Mitarbeiterinnen die Inhalte und Vorstellungen der Konzeption wirklich **leben**. Niemand hat die Aussagen verinnerlicht und fühlt sich deren Einhaltung gegenüber verantwortlich. Da hilft auch kein freundliches Verweisen oder Pochen auf eine geleistete Unterschrift. Hinzu kommt: „Zusammengestückelte" Konzeptionen erkennt man schnell an ihrer Allgemeingültigkeit und Austauschbarkeit.
Machen Sie es sich also zum Ziel, wirklich eine ganz eigene Konzeption zu erstellen, die zu Ihnen und zu Ihrer Einrichtung passt.

Regel Nr. 2:

An der Konzeption arbeitet das gesamte Team.

Mit Hilfe des vorliegenden Buches können Sie garantiert eine eigene, individuelle Konzeption für Ihre Einrichtung entwickeln. Das ganze Team ist an diesem Prozess beteiligt, und dabei werden Sie sicher auch einen positiven Nebeneffekt spüren: Das Erarbeiten einer Konzeption ist Teil des Teamentwicklungsprozesses. Hier gilt nämlich: Viele Köche verderben den Brei ganz und gar nicht, sondern machen ihn zu einem außergewöhnlichen, schmackhaften und bekömmlichen Essen.

Regel Nr. 3:

Die Erstellung einer Konzeption ist ein Prozess.

Gutes Essen braucht Zeit und die richtige Abfolge von Handlungen. Dasselbe gilt für die Entwicklung einer Konzeption. Wir sprechen hier von einem Prozess. Was bedeutet das? Wie beim Essen kann ich auch bei der Erarbeitung einer Konzeption nicht mittendrin anfangen, sondern beginne mit Schritt 1. Vor jedem Essen überlege ich mir, was ich gern essen möchte und was ich dafür benötige oder schon vorrätig habe.
Für die Konzeption bedeutet das: Wohin wollen wir? Wo stehen wir? Was fehlt uns? Was brauchen wir?

Regel Nr. 4:

Die Erstellung einer Konzeption benötigt Zeit.

Jeder Schritt bedarf außerdem einer bestimmten, klar definierten Zeit, um am Ende das bestmögliche Ergebnis zu erzielen.

Beim Essen heißt das:
Ein Hefeteig braucht nun einmal 30 Minuten, bis er aufgeht. Erst dann kann ich ihn weiter verarbeiten.

Für die Konzeption gilt:
Plane ich genügend Zeit für Gespräche mit dem Team ein, entstehen dabei Schritt für Schritt gemeinsame Lösungen, die alle mittragen.

Regel Nr. 5:

Die einzelnen Schritte erfordern eine bestimmte Reihenfolge.

Um wieder den Vergleich zum Essen herzustellen:
Wenn ich einen Obstkuchen backe, beginne ich sicher nicht mit der Zubereitung der Glasur.

Die logische Reihenfolge wäre:
Teigzubereitung, Obst verteilen, backen, und dann: Glasur.

Für die Konzeption heißt das:
Ich plane keine Tagesgestaltung, so lange die pädagogische Ausrichtung meiner Kita nicht geklärt ist.

Regel Nr. 6:

Fachliches Wissen bildet die Grundlage einer Konzeption.

Nun sind wir an einer entscheidenden Stelle. Alle bisher aufgestellten Regeln führen allein noch nicht zu einer professionellen Konzeptionsentwicklung. Was fehlt?
Es geht nicht ohne Wissensaneignung. Ich kann mich nur weiterentwickeln, wenn ich lerne. Lernen ist ein aktiver Prozess, zu dem gehört, dass ich mich mit einzelnen Themenschwerpunkten auseinandersetze, sie hinterfrage und Zusammenhänge erkenne. Erst wenn ich etwas verstehe, kann ich es richtig anwenden.

Ein Beispiel aus der Reggio-Pädagogik:
Die Anbringung von Spiegeln in den Räumen der Kindertagesstätte gehört zu den Grundsätzen der reggianischen Raumgestaltung. Wenn ich dies lediglich nachlese, nicht aber verstehe, warum es diese Vorgabe gibt, kann das dazu führen, dass ich die Spiegel zwar anbringe, aber sie an völlig falschen Stellen innerhalb des Raums befestige. Z.B. haben wir in deutschen Reggio-orientierten Einrichtungen Folgendes vorgefunden: Spiegel hinter der Tür; in einer Raumecke, in der es keine Erfahrungsfelder für das Kind gibt; zu hoch angebracht. Erst die intensive Auseinandersetzung mit den pädagogischen Hintergründen, nämlich der Selbst- und Fremdwahrnehmung durch das Kind im Alltag, wird zur Folge haben, dass ich die Spiegel an die richtigen Stellen platziere. Dann habe ich eine Vorgabe nicht nur „abgehakt", sondern sie verstanden und kann sie mit Leben füllen.

Vorbereitung und Vorüberlegungen

Sie als Leiterin haben sich dazu entschieden, gemeinsam mit dem gesamten Team eine professionelle Konzeption für Ihre Einrichtung zu erarbeiten. Prima – damit ist bereits ein erster Grundstein gelegt.

Natürlich ist es wesentlich besser, an einer Konzeption zu arbeiten, wenn man nicht unter (Zeit-)Druck von außen steht. Sollten Sie Ihre Konzeption also entwerfen oder verändern wollen, ist es immer besser, zu **agieren** als zu **reagieren**. Und eine selbst gestellte Aufgabe erfüllen Sie mit Sicherheit leidenschaftlicher und zwangloser als eine, die Ihnen unter Zeitdruck auferlegt wird.
Unser Tipp lautet daher:

Tipp:

Fangen Sie möglichst NICHT erst dann an, Ihre Konzeption zu erarbeiten oder zu verändern, wenn ein Druck von außen da ist, sondern vorher!

An der Konzeption arbeitet das ganze Team.

© Christa Eder – Fotolia.com

Bevor Sie starten, gilt es, einige Rahmenbedingungen sowohl für die erste Teamsitzung als auch für alle folgenden Treffen zu klären. Was die **erste** Zusammenkunft mit dem Team angeht, sind Sie als Leiterin innerhalb der Vorbereitung erst einmal allein gefragt. Ziel ist es, Ihre Kolleginnen neugierig zu machen auf das, was Sie vorhaben, und sie von dem Weg, den Sie gehen möchten, zu überzeugen. Das erfordert eine gute Vorbereitung des ersten Treffens. Dazu gehören die Punkte, die wir Ihnen im Folgenden näher erläutern:

- Rahmenbedingungen
- Materialien
- Technik

Diese gelten dann auch für alle Folgetreffen und sind die **Voraussetzungen** für Ihre gemeinsame Arbeit an der Konzeption. Um Ihnen die Arbeit zu erleichtern, haben wir sie Ihnen im Anschluss an jedes Kapitel in Form einer Checkliste zusammengestellt.

Wir empfehlen Ihnen außerdem, Ihrem Team eine schriftliche Einladung zur ersten Teamsitzung zu geben, in der Sie nicht zu viel verraten, es aber schaffen, Ihre Kolleginnen neugierig und gespannt auf das zu machen, was Sie vorhaben.
Denn noch wissen ja nur Sie allein, was Sie gern umsetzen wollen.

Textbeispiele für eine Einladung:

Das erste Beispiel gilt für die Situation, in der Sie nicht unter einem bestimmten Druck von außen (Träger, Eltern, Umstrukturierung etc.) stehen, sondern entspannt aus der alltäglichen Arbeitssituation heraus entscheiden, gemeinsam an Ihrer Konzeption zu arbeiten, weil Sie von dem hier vorgestellten Modell überzeugt sind.

Liebe Kolleginnen,

ich habe eine Idee. Sie betrifft unser gesamtes Team und unsere tägliche Arbeit. Gern möchte ich Euch diese am (Datum) um (Uhrzeit) vorstellen. Das Treffen wird ca. 90 Minuten dauern. Ihr alle seid mit Eurer Meinung, Euren kreativen Gedanken und Gefühlen gefragt. Wenn Euch meine Idee gefällt und es uns gelingt, meinen Vorschlag gemeinsam umzusetzen, kann das unsere Arbeit und unser Zusammensein entscheidend verbessern.

Neugierig?

Ich freue mich auf Euch,
Eure (Ihr Name)

Das zweite Beispiel bezieht sich auf eine Situation, in der Sie durch äußere Gegebenheiten „gezwungen" sind, Ihre Konzeption zu überarbeiten. Hier gehen wir davon aus, dass Sie Ihr pädagogisches Profil verändern möchten.

Liebe Kolleginnen,

Ihr wisst ja, dass wir unser pädagogisches Profil ändern wollen bzw. müssen. Ich kann mir vorstellen, dass Ihr Euch vor der Arbeit, die da auf uns zukommt, ein wenig fürchtet.

Ich möchte Euch gern am (Datum) um (Uhrzeit) einen guten Weg vorstellen, wie wir gemeinsam eine neue Konzeption erarbeiten können, sodass am Ende jede von uns zu dem Ergebnis stehen kann und sich darin wiederfindet.

Plant ca. 90 Minuten dafür ein.

Ich freue mich auf Euch,
Eure (Ihr Name)

Rahmenbedingungen

Für das erste Treffen und für die gesamte Zeit der Auseinandersetzung mit der Konzeption müssen wichtige Rahmenbedingungen geklärt werden.

Die erste Überlegung: Haben Sie einen **Raum** zur Verfügung, den Sie über einen längeren Zeitraum alle gemeinsam nutzen und in dem Materialien liegengelassen werden können? Sie brauchen Platz für Ihre Entfaltung. Das ist wichtig. Zu enge Räume sind oft hinderlich beim kreativen Arbeiten. Gut wäre es, einen Raum zu finden, der speziell für die Konzeptionserstellung da ist und in der gesamten Zeit ausschließlich dafür genutzt wird. Das ist auch ein psychologischer Aspekt: Beim Betreten des Raumes ist klar: Hier geht es um unsere gemeinsame Konzeption und um gemeinsames Arbeiten. Ein externer Raum außerhalb Ihrer Einrichtung kann von Vorteil sein, da Sie weniger abgelenkt sind. Eine weitere Möglichkeit ist die Nutzung des Personalraumes, der in vielen Kitas vorhanden ist. Dieser sollte dann für die Zeit der Konzeptionserstellung entsprechend unseren Vorschlägen hergerichtet werden.

Sie brauchen **bequeme Sitzmöbel** für jedes Teammitglied. Hervorragend wären ergonomische Sitzmöbel, sofern das Ihre finanziellen Möglichkeiten erlauben. Die Bequemlichkeit ist auch ein entscheidender Aspekt – schließlich verbringen Sie in diesem Raum **viel Zeit** miteinander. Unbequeme Stühle sind ein Hindernis und führen eher dazu, dass Sie lieber schnell gehen möchten. Sie verhindern außerdem längere Konzentrationszeiten. Zum Wohlfühlen gehört auch, dass Getränke und eventuell Knabberzeug oder Obst bereitstehen. Gestalten Sie sich die gemeinsame Zeit an der Konzeptionserarbeitung so angenehm wie möglich! Eine **gute Atmosphäre** ist eine wichtige Voraussetzung für gemeinsames, konstruktives Arbeiten. Unterschätzen Sie das bitte nicht. An einem angenehmen Ort halte ich mich lieber, länger und freiwilliger auf.

Eine klare **Pausenregelung** für Ihre Teamtreffen ist ein weiterer entscheidender Aspekt. Planen Sie genügend Zeit zur zwischenzeitlichen Erholung ein. Wir empfehlen Ihnen bei 1,5 Stunden 15 Minuten Pause.
Sichern Sie in Ihrer Dienstplangestaltung, dass es Zeit für die Vor- und Nachbereitung der Teamsitzungen gibt. Und natürlich muss auch Ihr **Träger** bereit sein, die Änderungen an der Konzeption mitzutragen. Es gilt also, den Träger von Ihrem Vorhaben zu überzeugen. Sie können ihn zu Ihrem ersten Treffen einladen, wenn Sie möchten. Das wäre ein guter gemeinsamer Anfang.

Unsere letzte Empfehlung für die Rahmenbedingungen ist das Anlegen eines **Lernhefters** für jedes Teammitglied. Während der Konzeptionserarbeitung werden Sie an Wissensgrenzen stoßen, die es zu erweitern gilt. Diesen Wissenszuwachs kann jede nach Stärken und Aufgabengebiet in einem Hefter fixieren. Das ist gleichzeitig Arbeitsmaterial und Erfolgsnachweis. Dies kann ein Schnellhefter sein, in den Sie gelochte Seiten einheften, oder ein leerer Aktenordner.

Jede Erzieherin führt ihren eigenen Lernhefter.

Materialien

Eine gute Teamsitzung braucht Materialien, damit die Durchführung gelingt und das Treffen nicht im Chaos untergeht. Dazu gehört die Bereitstellung von einigen Dingen, die einerseits eine Struktur und andererseits die Transparenz der Ergebnisse garantieren. Außerdem ist es für den Lernprozess und die Merkfähigkeit immer besser, alle besprochenen Inhalte zu visualisieren. Denn wie Sie wissen, geht eines ganz schnell: Aus den Augen – aus dem Sinn.

Legen Sie genügend weiße, rote und grüne Moderationskarten bereit, außerdem Schreibunterlagen (Blöcke) mit Stiften für jedes Teammitglied, Tesafilm und so genannte Klebepunkte (siehe Foto „Arbeitstisch", S. 15). Des Weiteren brauchen Sie ein Flipchart, Flipchartpapier und verschiedenfarbige Eddings. Eine Pinnwand mit Nadeln oder ein Whiteboard mit Magneten (gibt es in verschiedenen Größen) erleichtern Ihnen das Anbringen von Moderationskarten oder Papierseiten. Das ist sehr oft nötig! Wenn Sie diese Materialien nicht zur Verfügung haben, ist es auch möglich, mit Tesafilm das entsprechende Papier an den (möglichst weißen) Wänden zu befestigen.
Weiß sollten die Wände sein, damit Sie nicht durch Farben, Formen, Muster oder andere Schriftstücke abgelenkt werden, sondern sich ganz auf Ihre aktuelle Arbeit konzentrieren können. Der Vorteil eines Whiteboards liegt darin, dass Sie auf diesem auch mit einem speziellen Stift schreiben und die Schrift jederzeit wieder mit einem Tuch löschen können.
Stellen Sie gut sichtbar einen **Wecker** auf, damit Sie die Zeit im Blick haben.

Ein letzter Tipp zu den Materialien: Organisieren Sie eine **Glocke**, die Sie betätigen, wenn jemand unsachlich in der Argumentation wird oder wenn Sie merken, dass die Diskussionen ins Unendliche gehen.
Mit der Glocke unterbrechen Sie eine Gesprächssituation, die „zu nichts führt" bzw. „aus dem Ruder gelaufen" ist. Das ist ein erprobtes Mittel, das Ihnen hilft, schneller ans

Ziel zu kommen. An dieser Stelle weisen wir Sie darauf hin, dass die gesamte Konzeptionserarbeitung mit vielen unterschiedlichen Meinungen und Gefühlen jedes Teammitglieds einhergehen wird. Konflikte sind dabei vorprogrammiert und ganz natürlich. Ihnen richtig und konstruktiv zu begegnen, ist Ihre Aufgabe. Dazu später mehr. Ein Mittel jedenfalls ist der Einsatz der Glocke.
Für einen guten Start empfiehlt sich zudem die Anschaffung eines **Moderationskoffers**, in dem Sie viele der beschriebenen Materialien finden.[4]

Technik

Auch Ihre technische Ausrüstung ist ein entscheidender Punkt. Warum? Erstens ist die richtige Anwendung technischer Geräte ein Zeichen von hoher Professionalität. Zweitens begleiten Sie nachweislich den Prozess Ihrer Konzeptionsentwicklung. Drittens ist Ihre Arbeit dadurch sehr transparent für Sie selbst und später auch für Außenstehende. Das ist unter anderem ein Qualitätsmerkmal einer pädagogischen Einrichtung. Viertens: Einige Äußerungen und Ideen gehen verloren, wenn Sie diese nicht festhalten. Erfahrungsgemäß kann das sehr schnell gehen.

Wir empfehlen Ihnen den Einsatz einer Digitalkamera, einer Videokamera und eines Diktiergerätes. Dazu gehören ein Computer und ein Drucker, um die Aufnahmen und Ergebnisse Ihrer Sitzungen letztlich verarbeiten zu können.

Natürlich müssen Sie nicht Ihre gesamte Teamsitzung aufnehmen, aber einzelne Bestandteile davon festzuhalten, ist von Vorteil. Das erleichtert die Auswertung.

Ein Beispiel:
Sie fragen sich: Was hat Luise vorhin noch mal gesagt? Das war doch sehr gut, und auch so toll formuliert. Das könnten wir ja glatt so später in der Konzeption ausdrücken.

Luise weiß es nicht mehr so genau. Aber das Diktiergerät oder die Videokamera wissen es.

Moderationskoffer

[4] Ein reichhaltiges Angebot an Moderationskoffern und vielen anderen Materialien finden Sie im Internet. Geben Sie unter www.google.de den Begriff „Büromaterial" ein, und Sie werden viele günstige Angebote entdecken. Vergleichen Sie die Preise, bevor Sie sich entscheiden.

Checkliste

Rahmenbedingungen:

- ☐ Raum mit genügend Platz (eventuell extern)
- ☐ Bequeme Sitzmöbel
- ☐ Getränke und Snacks
- ☐ Pausenregelung
- ☐ Träger überzeugen
- ☐ Dienstplangestaltung für Vor- und Nachbereitungszeit
- ☐ Lernhefter (Schnellhefter oder Aktenordner)
- ☐ Einladung verteilen

Materialien:

- ☐ Weiße, grüne und rote Moderationskarten
- ☐ Schreibunterlagen und Stifte
- ☐ Transparentes Klebeband
- ☐ Klebestift
- ☐ Klebepunkte
- ☐ Pinnwand
- ☐ Flipchart + Flipchartpapier
- ☐ Verschiedenfarbige wasserfeste Faserschreiber
- ☐ Whiteboard
- ☐ Wecker
- ☐ Glocke
- ☐ (Moderationskoffer)

Technik:

- ☐ Digitalkamera
- ☐ Videokamera
- ☐ Diktiergerät
- ☐ Computer
- ☐ Drucker

Schritt 1:
Die Sensibilisierung

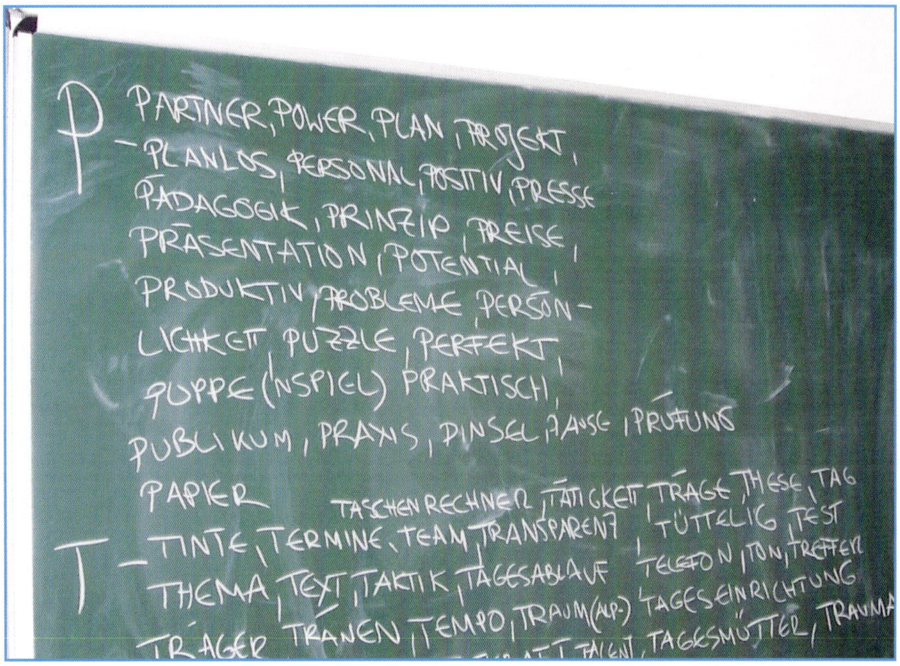

Ziel

Ziel der ersten Teamsitzung ist, dass es Ihnen als Leiterin gelingt, das Team inhaltlich und gefühlsmäßig dort abzuholen, wo es gegenwärtig steht, um es dann für den gemeinsamen Weg der Konzeptionserarbeitung zu sensibilisieren. Die Verantwortlichkeit – sowohl hinsichtlich der Vorbereitung als auch des Ablaufs – liegt bei diesem ersten Treffen bei Ihnen als Leiterin. Das ändert sich im Verlauf der folgenden Sitzungen.

Rahmenbedingungen

Sie, die Leiterin, haben Ihr Team rechtzeitig (zwei Wochen vor dem Termin) zu dieser Sitzung schriftlich eingeladen, einen passenden Raum organisiert und die Materialien laut Checkliste (S. 22) zusammengestellt. So haben Sie bereits die richtigen Rahmenbedingungen geschaffen.

Genauer Ablaufplan

Im Folgenden finden Sie die genaue Beschreibung des Ablaufs dieser Teamsitzung. Das betrifft Methoden, Zeiten und Verantwortlichkeiten. Diese Struktur erkennen Sie in allen beschriebenen Teamsitzungen wieder. Der geplante Zeitumfang der ersten Sitzung beträgt 1,5 Stunden. Wenn Sie sich für die erste Form der Einladung entschieden haben, begrüßen Sie Ihre Teammitglieder mit einer Einleitung, in der Sie das Geheimnis um den Grund Ihrer Einladung lüften. Beachten Sie dabei, dass in der Kürze der Formulierungen die Würze liegt, damit Ihre Kolleginnen neugierig bleiben und nicht von dem Umfang der Aufgaben verschreckt werden.

Warm-up „Wir sitzen alle in einem Boot"

5–10 Minuten

Jede Teamsitzung beginnt mit einem so genannten Warm-up. Dieses „Aufwärmen" der Teilnehmerinnen betrifft gleichermaßen Körper und Geist.
Es ist ein spielerisches Ankommen, Auflockern und „Sich-Bereit-Machen" für die gemeinsame Arbeit. Sie werden schnell selbst merken, dass dieser Einstieg in eine Sitzung sehr vorteilhaft ist und Spaß macht. Für die erste Sitzung schlagen wir Ihnen das Warm-up „Wir sitzen alle in einem Boot" vor. Warum? Die Boot-Metapher soll Ihr Team während des gesamten Prozesses der Konzeptionsentwicklung begleiten. Sie können nicht kentern, wenn Sie sich mit Ihren Stärken und Schwächen aufeinander abstimmen.
Das erfahren Sie hier spielerisch ebenso wie ein großes Zusammengehörigkeitsgefühl.

Und so funktioniert es:
Ein etwa drei Meter langes Seil wird auf den Boden gelegt. Dieses Seil symbolisiert das Boot, in dem alle „sitzen". Alle Teilnehmerinnen (TN) stehen mit beiden Füßen auf dem Seil. Es ist Sturm. Die TN müssen sich nun der Größe nach ordnen. Dabei darf niemand das Boot verlassen, d.h., die TN müssen aneinander vorbei und sich dabei gegenseitig helfen, damit kein Passagier über Bord geht.

Wissens-ABC

15 Minuten

Das Wissens-ABC ist ein spielerischer, inhaltlicher Einstieg in die Thematik „Konzeption". Sie suchen im Team gemeinsam nach Assoziationen, die Ihnen zum Begriff „Konzeption" einfallen. Schreiben Sie die Buchstaben des Begriffs „Konzeption" untereinander an Ihr Flipchart oder an eine Tafel und sammeln Sie nun durch Zurufen Begriffe, die mit dem jeweiligen Buchstaben beginnen. Schreiben Sie alle Begriffe unkommentiert auf. Woran denken Sie, wenn Sie dieses Wort hören?

Führen Sie die Übung erst durch, und erklären Sie im Nachhinein, warum Sie sie an dieser Stelle eingebaut haben:
So nähern Sie sich Meinungen, Gefühlen und Gedanken jedes einzelnen Teammitglieds. Es ist auch möglich, das gesamte Alphabet zu nutzen.
Die Einschränkung auf den Begriff Konzeption ist jedoch der kreativere Weg und ein eindeutiger thematischer Bezug.

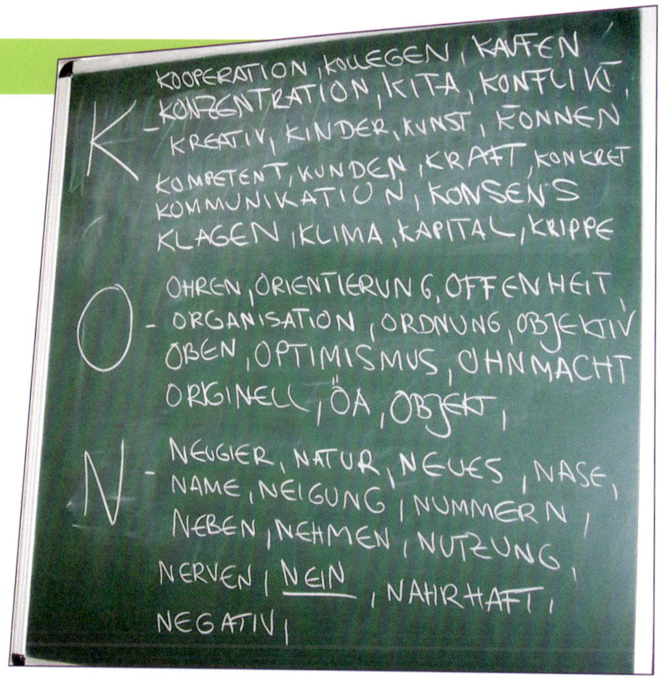

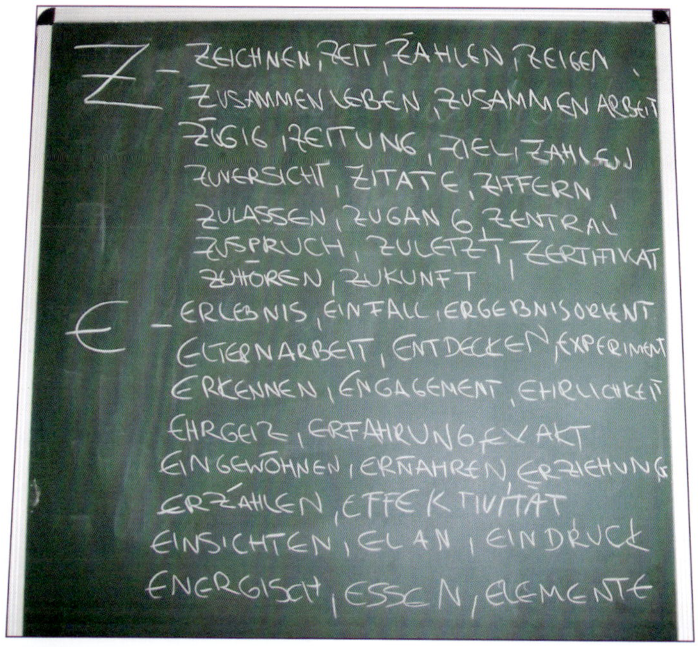

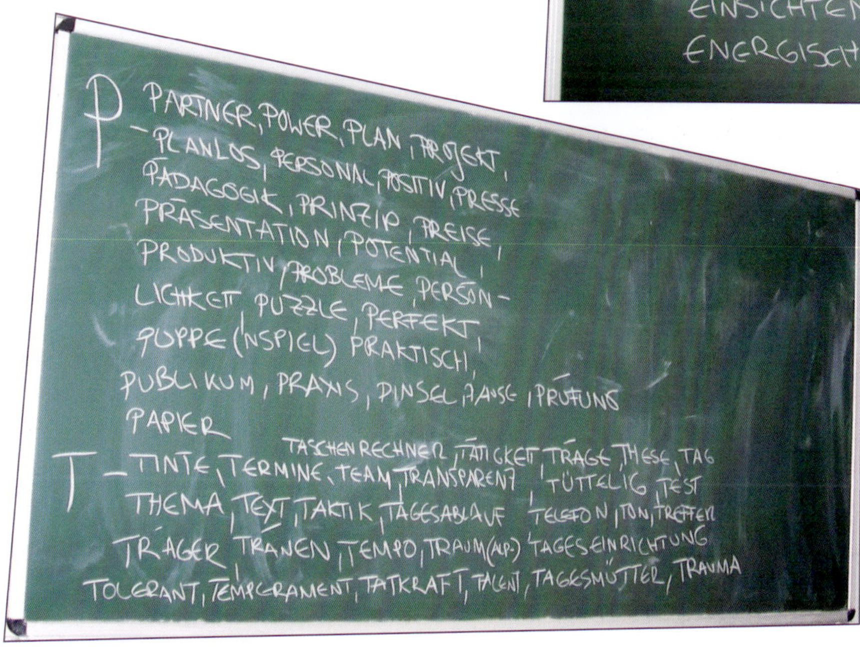

Wissens-ABC an der Tafel

Wie funktioniert Selbstbildung?

10 Minuten

Die gemeinsame Konzeptionserstellung mit dem 8-Schritte-Modell ist für jedes einzelne Teammitglied sehr eng mit Selbstbildungsprozessen verbunden. Diese Erkenntnis zu verinnerlichen, ist immens wichtig. Denn je besser Sie sich Ihren Arbeitsprozess gestalten, desto schneller und erfolgreicher werden Sie an Ihr gewünschtes Ziel kommen. Das erfordert, dass Sie die Methoden der Selbstbildung verstanden haben.
Dazu dient dieser Tagespunkt.
Kopieren Sie für jedes Teammitglied die Vorlage „Wie funktioniert Selbstbildung?" (S. 82). Hängen Sie diese Seite außerdem gut sichtbar in Ihrem Arbeitsraum an die Wand. Sprechen Sie nun gemeinsam darüber. Tauschen Sie Ihre Erfahrungen über Ihre eigenen Lernmethoden aus. Können Sie die Aussagen zur Selbstbildung bestätigen? Welche Methode wirkte am effektivsten und nachhaltigsten? Ziel der Diskussion ist es, dass jede Kollegin verinnerlicht, dass Selbstbildung am besten funktioniert, wenn sie an eigenes Handeln gekoppelt ist. Die Aneignung des Wissens auf möglichst vielen verschiedenen Wegen ist von Vorteil.
Für die Konzeptionserarbeitung heißt das: Lernen durch eigenes Handeln führt zu eigenverantwortlicher Mitgestaltung der Konzeption und ist die Voraussetzung dafür, die erarbeiteten Konzeptionsinhalte später auch tatsächlich zu leben.

Die erfolgreichste und nachhaltigste Methode der Selbstbildung ist das eigene HANDELN.

Zitate zum Thema Konzept und Konzeption

15–30 Minuten

Über Konzeptionen und Konzepte wurde schon viel geschrieben. Den Unterschied zwischen diesen beiden Begriffen erläutern wir im nächsten Punkt. An dieser Stelle der Sitzung setzen Sie sich mit Gedanken und Meinungen von anderen Menschen auseinander, die diese zu den beiden Themen geäußert haben. Gleichen Sie deren Einstellungen mit Ihren eigenen ab. Verteilen Sie an jedes Teammitglied eine Kopie (S. 83), auf der die Zitate gesammelt sind. Nun sucht sich jede Teilnehmerin ein Zitat heraus, was ihr zusagt. In einer anschließenden Gesprächsrunde begründet jede ihre Entscheidung und sagt, was dieses Zitat mit ihr zu tun hat. Auch hierbei werden Sie feststellen, dass Sie jeweils mit ganz anderen Voraussetzungen und (Vor-) Urteilen an die gemeinsame Arbeit gehen. Auf diese Art und Weise bekommt jedes Teammitglied gleichberechtigt die Chance, sich im Voraus sachbezogen und gefühlsmäßig zu äußern.

Definition des Begriffs „Konzeption"

10 Minuten

Die genaue Bedeutung eines Begriffes zu kennen, mit dem Sie intensiv arbeiten, ist sehr wichtig und die Grundlage für jeden weiteren Schritt. Man muss sich ja erst einmal darüber verständigen, worüber man eigentlich spricht. Das Wort Konzeption ist schnell gesagt, aber was verbirgt sich denn nun genau dahinter? Was fällt Ihnen selbst dazu ein? Das aufzu-

schreiben, ist der nächste Schritt dieses Tagespunktes. Verteilen Sie dazu an jedes Teammitglied die entsprechende Kopiervorlage (S. 84). Sie wird zunächst in der Mitte gefaltet, sodass die Definition nicht sichtbar ist. Jede schreibt nun für sich selbst auf, was für sie der Begriff „Konzeption" bedeutet. Dann werden alle Ideen wieder durch Zurufen am Flipchart gesammelt. Die fachwissenschaftliche Definition stellen Sie als Leiterin den gesammelten Einfällen der Erzieherinnen gegenüber. Wo sind Übereinstimmungen? Lässt sich die fachwissenschaftliche Definition vielleicht sogar noch um wichtige Punkte ergänzen? Welche Aussagen sind besonders wichtig und sollten für alle zentral vermerkt werden?
Alle Kopien, die an diesem Tag ausgehändigt werden, heftet jede in ihren Lernhefter ab.

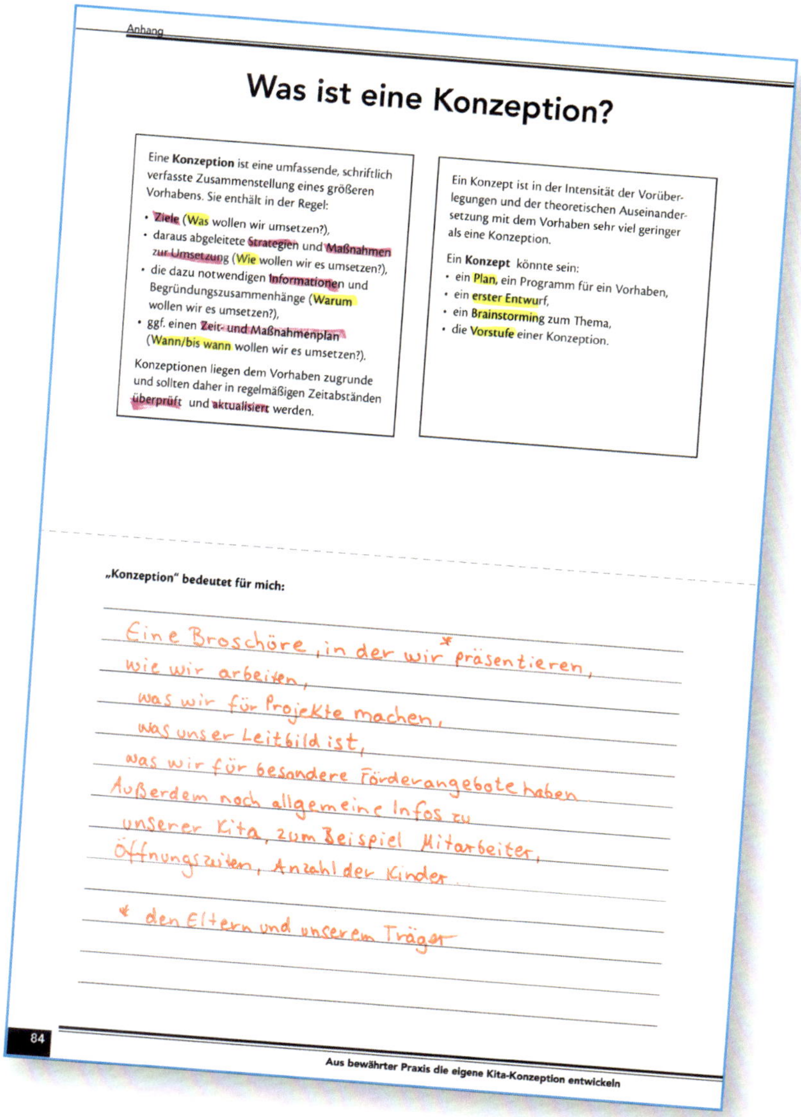
Anhang

Was ist eine Konzeption?

Eine **Konzeption** ist eine umfassende, schriftlich verfasste Zusammenstellung eines größeren Vorhabens. Sie enthält in der Regel:
- Ziele (Was wollen wir umsetzen?),
- daraus abgeleitete Strategien und Maßnahmen zur Umsetzung (Wie wollen wir es umsetzen?),
- die dazu notwendigen Informationen und Begründungszusammenhänge (Warum wollen wir es umsetzen?),
- ggf. einen Zeit- und Maßnahmenplan (Wann/bis wann wollen wir es umsetzen?).

Konzeptionen liegen dem Vorhaben zugrunde und sollten daher in regelmäßigen Zeitabständen überprüft und aktualisiert werden.

Ein Konzept ist in der Intensität der Vorüberlegungen und der theoretischen Auseinandersetzung mit dem Vorhaben sehr viel geringer als eine Konzeption.

Ein **Konzept** könnte sein:
- ein Plan, ein Programm für ein Vorhaben,
- ein erster Entwurf,
- ein Brainstorming zum Thema,
- die Vorstufe einer Konzeption.

„Konzeption" bedeutet für mich:

Eine Broschüre, in der wir * präsentieren,
wie wir arbeiten,
was wir für Projekte machen,
was unser Leitbild ist,
was wir für besondere Förderangebote haben
Außerdem noch allgemeine Infos zu
unserer Kita, zum Beispiel Mitarbeiter,
Öffnungszeiten, Anzahl der Kinder ...

* den Eltern und unserem Träger

84

Aus bewährter Praxis die eigene Kita-Konzeption entwickeln

Konzept oder Konzeption?

10 Minuten

Die Begriffe Konzept und Konzeption werden im allgemeinen Sprachgebrauch häufig gleichbedeutend verwendet. Auch innerhalb der Fachliteratur findet man einen munteren Mix der Worteinsätze. Die Unterschiede in der Bedeutung beider Begriffe sind jedoch deutlich. Damit Sie in Ihrer fachlichen Auseinandersetzung und Ihren Diskussionen die Begriffe Konzept und Konzeption richtig gebrauchen, sollten Sie nun beide Begriffsdefinitionen noch einmal gegenüberstellen und sich gemeinsam die Unterschiede klarmachen.
Ihre erste Teamsitzung ist nun fast vorbei. Wie geht es Ihnen? Sind alle Teammitglieder neugierig geworden auf das, was Sie gemeinsam vorhaben? Im besten Fall haben Sie als Leiterin genau das erreicht. Nun geht es darum, festzulegen, wer die nächste Teamsitzung mithilfe der Checkliste vorbereitet und wann das nächste Treffen stattfinden soll. Legen Sie die Verantwortlichkeit für die Vorbereitung nach Ihrem eigenen Prinzip fest. Das kann alphabetisch, durch Auslosen, nach Sitzordnung etc. sein. Machen Sie den Termin für die zweite Teamsitzung fest. Er sollte nicht später als 14 Tage nach Ihrem ersten Treffen sein, damit Sie die Sensibilisierung noch präsent haben.

Checkliste für die erste Teamsitzung

Rahmenbedingungen:

- ☐ Raum vorbereiten
- ☐ Auf bequeme Sitzmöbel achten
- ☐ Getränke und Snacks bereitstellen

Materialien:

- ☐ Moderationskarten
- ☐ Stifte
- ☐ Lernhefter
- ☐ Kopien für jedes Teammitglied (Selbstbildung, Zitate, Definitionen)
- ☐ Flipchart
- ☐ Flipchartpapier
- ☐ Whiteboard
- ☐ Glocke
- ☐ Wecker
- ☐ Eddings
- ☐ Seil für Warm-up

Technik:

- ☐ Digitalkamera
- ☐ Videokamera
- ☐ Diktiergerät

Schritt 2:
Verantwortlichkeiten

Ziel

Die zweite Teamsitzung dient der Klärung der Verantwortlichkeiten und der allgemeingültigen Rahmenbedingungen für alle Teamtreffen. Wenn Sie im Vorfeld bestimmte Grundsätze für Ihre Teamsitzungen treffen, wird es Ihnen leichter fallen, diese konstruktiv und ohne „unnötige" Diskussionen durchzuführen. Sie können sich dann immer auf Ihre gemeinsam getroffenen Entscheidungen berufen. Hierbei geht es nicht um inhaltliche Absprachen, sondern um formale.

Rahmenbedingungen

Für diese zweite Teamsitzung gelten die gleichen Rahmenbedingungen wie für die erste Teamsitzung. Die Materialien stellen Sie laut Checkliste zusammen. Diese hat die Leiterin im Vorfeld der Verantwortlichen für diese Sitzung übergeben. Wir empfehlen Ihnen auch dieses Mal, eine Einladung inkl. des vorgesehenen Zeitrahmens zu schreiben.

Genauer Ablaufplan

Wie angekündigt, finden Sie hier wieder den genauen Ablaufplan für Ihre zweite Teamsitzung. Planen Sie 1,5 Stunden ein. Der Bau der Schatzkiste erfordert unter Umständen mehr Zeit, ist aber zugleich ein schöner Ausklang der Sitzung und eine gute Gelegenheit, sich noch intensiver über die gemeinsame Arbeit auszutauschen.

Warm-up „Geben und nehmen"

5 Minuten

Wie jede Teamsitzung beginnt auch diese mit einem Warm-up. Voraussetzung für die Durchführung des Spiels „Geben und nehmen" ist genügend Platz (Bewegungsfreiraum). Ein möglichst leerer Raum wäre ideal – Sie können das Warm-up auch im Flur oder draußen im Freien durchführen. Und zwar so:

Das Spiel gliedert sich in zwei Aufgabenteile. Erster Teil: Teilen Sie pro TN, die locker im Raum verteilt stehen, zwei Wäscheklammern aus. Alle TN befestigen diese zwei Klammern an ihrer Kleidung. Nun geben Sie ein Signal (z.B. läuten Sie mit der Glocke), und daraufhin versuchen die TN, sich gegenseitig die Klammern wegzunehmen und sie an ihrer eigenen Kleidung zu befestigen. Es ist wichtig, dass die genommenen Klammern nicht in der Hand gehalten, sondern an der eigenen Kleidung angebracht werden, damit alle anderen TN die Möglichkeit haben, diese wieder wegzunehmen. Der erste Teil des Spiels endet bei erneutem Signalton (spielen Sie ca. 2–3 Minuten). Das war das „Nehmen". Nun folgt der zweite Teil: Die TN bekommen wieder zwei Klammern, halten sie aber dieses Mal in der Hand. Bei Ertönen des Signals versuchen sie nun, die Klammern loszuwerden, d.h., sie an der Kleidung der anderen TN festzuklammern. Auch diesen Teil spielen Sie ca. drei Minuten, geben dann wieder ein Signal, und erst dann endet das Spiel. Das war das „Geben".

Sie werden sehen, dass dies ein Spiel ist, bei dem viel gelacht wird und bei dem alle ganz schön ins Schwitzen kommen. Es ist eine gute Möglichkeit, die Situation aufzulockern. Fragen Sie am Ende, was den TN mehr Spaß gemacht hat oder ihnen leichter gefallen ist: geben oder nehmen. Beides gehört zum Leben, zum Alltag und natürlich auch zum gemeinsamen Entwickeln einer Konzeption. Oft haben die Antworten etwas mit dem Typ und Charakter einer Person zu tun. Werten Sie das nicht aus, lassen Sie die Antworten so im Raum stehen, und fahren Sie fort mit dem nächsten Punkt der Sitzung.

Häufigkeit, Dauer und Rahmenbedingungen der einzelnen Treffen

15 Minuten

Fragen Sie als Erstes wieder Ihre Teammitglieder, in welchen Abständen sie sich gern regelmäßig treffen würden, wie lange die Treffen sein sollen und wie die Verantwortlichkeiten für die Vorbereitung und Durchführung geklärt werden sollen.
Einigen Sie sich auf einen Abstand von höchstens zwei Wochen. Bei längeren Abständen vergessen die Teilnehmerinnen erfahrungsgemäß zu viel und verlieren leicht den Bezug zum letzten Treffen. Die Zeiten sollten zwischen 1,5 und 2,5 Stunden liegen. Diese Zeiten müssen dann auch eingehalten werden. Das ist eine Vereinbarung! Für die Verantwortlichkeiten empfehlen wir Ihnen ein Rotationsprinzip. Es steht Ihnen frei, wie Sie das gestalten (nach Sitzordnung, alphabetisch, Losprinzip o.Ä.). Stellen Sie auf jeden Fall sicher, dass jede mindestens einmal „dran" ist.

Regeln für die Diskussionsphasen

30 Minuten

Da die Diskussionen einen großen Teil der Zeit einnehmen, ist es sehr wichtig, dass Sie gemeinsam Regeln aufstellen, die für diese Diskussionen gelten. Sonst besteht die Gefahr, dass Sie sich verzetteln, die Diskussionen kein Ende nehmen oder dass Sie inhaltlich nicht weiterkommen, weil Sie um Befindlichkeiten streiten. Sammeln Sie alle Vorschläge des Teams und notieren Sie diese (am Flipchart oder am Whiteboard).

Diese Regeln können zum Beispiel sein:

- Wir lassen uns gegenseitig ausreden.
- Wir hören uns aufmerksam zu.
- Wir reden höchsten drei Minuten am Stück (Wecker oder Sanduhr).
- Wir beteiligen uns alle an der Diskussion.
- Wir schreien uns nicht an.
- Wir entschuldigen uns für Beleidigungen oder sonstige „Aussetzer".
- Sollte jemand ausfallend oder unsachlich werden, wird die Person durch ein Signal (Glocke) unterbrochen.
- Wir haben eine Diskussionsleiterin, die eingreift, wenn die Diskussionen nicht vorankommen.

Tipp:

Hängen Sie die Diskussionsregeln gut sichtbar in Ihrem Raum auf!

Klärung des voraussichtlichen Zeitrahmens für den Prozess der Konzeptionserstellung

10 Minuten

Fragen Sie zu Beginn dieses Programmpunktes in die Runde, welche Vorstellungen Ihre Teammitglieder selbst von dem Zeitrahmen der Konzeptionserstellung haben und welche Inhalte ihrer Meinung nach geklärt werden müssen. Lassen Sie die Antworten erst einmal unkommentiert und sorgen Sie dafür, dass sich möglichst jede äußert. Hinweis: Verwenden Sie einen Moderationsball oder einen „Redestein" und akzeptieren Sie den Satz „Es wurde alles schon gesagt" nicht. Vermutlich werden die Vorstellungen hinsichtlich des Zeitrahmens bei einigen Wochen liegen, und die TN stellen sich wahrscheinlich vor, dass ein bis zwei Personen an der Konzeption arbeiten (die, die gut schreiben können und denen „so etwas liegt").

Nun geben Sie als Leiterin eine erste einführende Erläuterung zum geplanten Ablauf der Konzeptionsentwicklung. Betonen Sie, dass dies eine **gemeinsame** Arbeit des **Teams** wird, dass es sich um einen längeren **Prozess** handelt, bei dem der Schwerpunkt der gemeinsame Weg ist – nicht das endgültige Ergebnis. Die höchste Priorität bei der gemeinschaftlichen Erarbeitung hat der **Austausch** innerhalb des Teams über alle wichtigen Fragen der Konzeption.
Das braucht **Zeit**, da alle relevanten Punkte tatsächlich ausdiskutiert werden. Gehen Sie von einem Zeitraum von neun Monaten aus, die Ihre Konzeptionsentwicklung dauern wird (Urlaubs- und Krankheitszeiten eingeschlossen).

Diese Zahl kann die Anwesenden erst einmal schockieren, doch erklären Sie, dass die zur Verfügung stehende Zeit den Anwesenden eher den Druck nehmen sollte. Da der Austausch im Vordergrund steht, kommt jede mit ihren Gedanken und Gefühlen zu Wort, und niemand bleibt außen vor. Nun geht es darum, diesen so wichtigen Austausch auch zu gewährleisten. Das bedeutet, dass die Rahmenbedingungen dafür jetzt besprochen werden.

Führen eines Protokolls

10 Minuten

Für jede Teamsitzung wird eine Protokollführerin festgelegt. Auch hier ist jede einmal dran. Das Führen eines Protokolls ist aus verschiedenen Gründen sehr wichtig. Alle besprochenen Dinge werden somit nachweislich festgehalten. Das vereinfacht nicht nur die Orientierung und ist ein Beweis Ihrer geleisteten Arbeit, sondern hilft Ihnen später beim Schreiben Ihrer Konzeption enorm: Diejenige, die das Protokoll zu einer Sitzung geschrieben hat, ist später für die Formulierung dieses inhaltlichen Textbausteins innerhalb der Konzeption verantwortlich.

Denken Sie daran, dass die Protokollführerin sich nicht so stark an der Diskussion beteiligen kann, da sie auf die Mitschriften konzentriert ist. Bei längeren Sitzungen teilen sich zwei Protokollführerinnen die Arbeit. Das Protokoll wird stichpunktartig geführt. Für Originalzitate können Sie zur Erleichterung ein Diktiergerät oder eine Videokamera verwenden. Diese Zitate sind wichtig, wenn Sie sich zu einem späteren Diskussionszeitpunkt fragen: Wie war die Meinung im Team?
Und so könnte ein Protokoll aussehen:

Protokoll

Datum: 21.06.08 **Protokollführerin:** Andrea Sieberding

Thema: Kooperation Fest und Feiern, Konzeptionsfortschreibung

Anwesende: Alle Teammitglieder

Inhalte (stichpunktartig):

- Was machen wir für Feste? Ostern, Weihnachten, Geburtstag, Einschulung, Nikolaus, Fasching, Oma-Opa-Tag, Kitaübernachtung
- Wie gestalten wir die Feste?

Ostern: Körbchen mit Eltern basteln, Bedeutung des Osterfestes erklären, Gedichte und Lieder kennen lernen, große Ostersuche

Abschluss: Osterfeuer mit Feuerwehr

Weihnachten: Weihnachtsfeier wird von Elternrat geplant

Einschulung: Großes Zuckertütenfest im Juli mit Programmaufführung der Kinder

→ weiter auf S. 2

Zitate:

„Sollen wir nicht erstmal klären, warum wir Feste und Feiern im Kita-Alltag so wichtig finden?" Ina

„Ich finde es logisch, müssen wir das alles in die Konzeption schreiben?" Elke

„Ohne Feste und Feiern macht das Leben keinen Spaß!" Susanne

Bau einer Schatzkiste

20 Minuten

Nach der inhaltlichen Klärung der Konzeptionsinhalte in Ihren Teamsitzungen geht es später auch um die **Gestaltung** Ihrer Konzeption. Damit Sie dann nicht von vorn beginnen müssen und angestrengt nach Gestaltungsmöglichkeiten zur Auflockerung suchen, beginnen Sie mit diesem Teil von Anfang an.
Sammeln Sie alles – und zwar wertfrei –, was in die Konzeption mit einfließen kann: Zitate von Kindern (Kindermund), Fotos, Gedichte, Zeichnungen etc.
Diese gesammelten Werke bekommen einen besonderen Platz: eine Schatzkiste. Das hat einerseits etwas mit Wertschätzung gegenüber Ihrer eigenen Arbeit zu tun, andererseits symbolisiert die Schatzkiste den Kindern: Ihr seid uns wichtig, und zwar so sehr, dass wir Eure Werke als Schätze betrachten.
Da die Schatzkiste genauso einmalig und unverwechselbar wie Ihre gesamte Konzeption ist, gestalten Sie diese auch ganz individuell und gemeinsam. Und zwar jetzt. Dafür haben Sie die entsprechenden Materialien laut Checkliste für dieses Treffen zusammengestellt. Bekleben und gestalten Sie den Schuhkarton ganz, wie Sie es möchten – so, wie Sie sich eine Schatzkiste vorstellen.
Stellen Sie die Schatzkiste gut sichtbar für Sie und unbedingt auch für die Kinder auf! Beobachten Sie, wie die Kinder reagieren.

Verpassen Sie auf keinen Fall die Chance, die Reaktionen der Kinder auf die Schatzkiste festzuhalten – mit Fotos oder durch das Aufschreiben der Kommentare, die die Kinder äußern. Das ist Ihre erste Hausaufgabe zum nächsten Treffen. Legen Sie nun noch die Verantwortlichkeiten (Vorbereitung und Protokollführerin) für das nächste Treffen sowie den genauen Termin fest.

Bau einer Schatzkiste ...

... im Goedecke-Micheel-Hof in Bergen

Checkliste für die zweite Teamsitzung

Rahmenbedingungen:

- [ ] Raum vorbereiten
- [ ] Auf bequeme Sitzmöbel achten
- [ ] Getränke und Snacks bereitstellen

Materialien:

- [ ] Stifte
- [ ] Lernhefter
- [ ] Flipchart
- [ ] Flipchartpapier
- [ ] Whiteboard
- [ ] Glocke
- [ ] Wecker
- [ ] Eddings
- [ ] Schuhkarton
- [ ] Diverse bunte Zeitschriften
- [ ] Bastelmaterialien
- [ ] Stoffreste
- [ ] Papierreste
- [ ] Klebepistole
- [ ] Schere
- [ ] Wäscheklammern für Warm-up
- [ ] Moderationsball oder „Redestein"

Technik:

- [ ] Digitalkamera
- [ ] Videokamera
- [ ] Diktiergerät

Schritt 3:
Hintergründe

Ziel

Ziel der dritten Teamsitzung ist die Auseinandersetzung aller Teammitglieder mit gesetzlichen und sozialen Hintergründen der Konzeptionserstellung. Bevor Sie sich an die inhaltliche Arbeit machen, ist es notwendig, dass Sie sich vergegenwärtigen, welche sozialen und gesetzlichen Gegebenheiten für Sie gelten. Diese bilden den Rahmen für Ihre weitere Arbeit und sind gleichzeitig ein wichtiger Textbaustein innerhalb Ihrer Konzeption.

Rahmenbedingungen

Die Verantwortliche für die Rahmenbedingungen der dritten Teamsitzung hat den Raum entsprechend der Checkliste vorbereitet. Orientieren Sie sich außerdem an den beschriebenen allgemeinen Rahmenbedingungen für die erste Teamsitzung.

Genauer Ablaufplan

Es folgt die genaue Beschreibung des Ablaufs der Teamsitzung. Planen Sie dieses Mal ca. 2,5 Stunden ein und kündigen Sie die Zeitdauer in Ihrer Einladung an. Machen Sie eine 15-minütige Pause nach der Hälfte der Zeit.

Auch diese Sitzung beginnt wieder mit einem Warm-up und endet mit einer kleinen Hausaufgabe, bei der die Teilnehmerinnen einen ersten Textbaustein zum Thema „Familie" für die Konzeption formulieren.

Warm-up „con-cen-tra-tion"

10 Minuten

Zu Beginn dieser Sitzung machen Sie im Team ein kurzes Konzentrationsspiel. Es ist ein guter Einstieg in die beginnende Arbeit, da Sie sofort eine hohe Aufmerksamkeit aller Teilnehmerinnen erzielen und gleichzeitig Spaß haben werden.

Und so funktioniert es:
Rücken Sie mit Ihren Stühlen ein Stück von den Tischen weg oder bilden Sie einen Stuhlkreis. Lassen Sie alle Teammitglieder einmal laut der Reihe nach durchzählen, wobei sich jede ihre Nummer merkt. Nun klatschen Sie alle gemeinsam einen Rhythmus. Das Wort „concentration" wird dabei gemeinsam laut gesprochen und unterteilt in die Silben:

con (Dabei klatschen Sie mit beiden Händen auf Ihre Schenkel)
cen (Dabei klatschen Sie in beide Hände)
tra (Dabei schnipsen Sie einmal mit der rechten Hand)
tion (Dabei schnipsen Sie einmal mit der linken Hand).

Diesen Rhythmus klatschen Sie nun so lange, bis ihn alle richtig umsetzen. Sie werden sehen, dass es schon an dieser Stelle passieren kann, dass einige Teammitglieder dabei Schwierigkeiten haben, da die Kombination von gesprochenem Wort und einer gleichzeitigen körperlichen Handlung nicht jedem leichtfällt. Versuchen Sie, alle TN „mitzunehmen", und

machen Sie erst dann weiter, wenn der Rhythmus „sitzt". Klatschen Sie ihn nun gemeinsam, aber stumm.
Jetzt beginnt die Nummer 1, eine andere Nummer zu rufen, und zwar so: In dem Moment, in dem Nummer 1 in die rechte Hand schnipst, ruft sie laut ihre eigene Nummer, wenn Sie in die linke Hand schnipst, ruft sie laut die Nummer, die Sie ansprechen will, also z.B.: „1" (rechte Hand) – „9" (linke Hand). Nummer 9 antwortet, in dem sie ihre eigene Nummer laut ruft, wenn sie in die rechte Hand schnipst und eine neue Nummer ruft, wenn sie in die linke Hand schnipst. Nach diesem Prinzip werden nun alle Teammitglieder in beliebiger Reihenfolge einmal gerufen, antworten und rufen weiter. Erfahrungsgemäß gibt es Unterbrechungen, weil gelacht wird oder einige aus dem Rhythmus kommen. Nehmen Sie das Spiel in diesem Fall wieder auf, in dem Sie beginnen, den Rhythmus neu zu klatschen. Wenn das Spiel im Fluss ist, hat es eine große Dynamik, mit der Sie anschließend gut in die inhaltliche Arbeit der Sitzung einsteigen können.
Beenden Sie das Spiel, nachdem alle einmal dran waren.

Warm-up „con-cen-tra-tion" während des Leiterinnenkurses in Wolgast 2007.

Für wen ist die Konzeption?

15 Minuten

Dieser Arbeitsschritt zeigt auf, welche möglichen Zielgruppen Sie mit Ihrer Konzeption ansprechen möchten und müssen. Dabei werden Sie erkennen, dass es verschiedene Zielgruppen mit unterschiedlichen Schwerpunkten gibt. Sich dies frühzeitig bewusst zu machen, klärt erste inhaltliche und formale Komponenten der Konzeption.
Wenn Sie wissen, an wen sich die Konzeption richtet, zeigt sich, was darin enthalten sein muss.

Beginnen Sie, indem Sie am Flipchart oder der Tafel von Ihren Teammitgliedern zusammentragen lassen, welche Zielgruppen ihnen einfallen. Ein Tipp: Unterteilen Sie die Tafel in zwei Spalten. Schreiben Sie auf die linke Seite: „Wer liest die Konzeption?" und auf die rechte Seite: „Warum liest diese Zielgruppe die Konzeption?"

Beispiel:

Wer liest die Konzeption?	Warum?
die Eltern	zur Entscheidungsfindung, ihr Kind anzumelden
das Team	zur fachlichen Orientierung
der Träger	für die Repräsentation nach außen

Ein Ergebnis der Auswertung könnte sein, dass Sie sich entscheiden, zwei Varianten einer Konzeption zu erstellen – eine ausführliche für die fachliche Orientierung des Teams und aller anderen Fachkräfte (Träger, Fachberaterinnen, Jugendamt) und eine dezimierte für Eltern, in der Sie nicht alle Begründungszusammenhänge Ihrer Arbeit erklären. Sie brauchen hierüber nicht sofort eine Entscheidung zu treffen, aber behalten Sie die Option zweier Varianten der Konzeption im Kopf.

Einen Leitsatz erstellen

30 Minuten

Nun thematisieren Sie zum ersten Mal konkret die Motivation im Team. Ziel ist es, gemeinsam **ein Leitbild** Ihrer pädagogischen Arbeit zu formulieren. Dieses Leitbild begleitet Sie durch den gesamten Prozess der Konzeptionserstellung und beinhaltet die Frage nach Ihrem grundlegenden Bestreben innerhalb der Arbeit. Was tun wir hier, aus welchem Grund, mit welchem Ziel? Was ist unser Anspruch, unser höchstes Gut? Stellen Sie Ihren Teammitgliedern diese Fragen und bilden Sie daraus **einen oder mehrere Leitsätze**. Er wird Ihnen als Orientierung dienen, und er ist ein wichtiger Textbaustein zu Beginn Ihrer Konzeption. Außerdem hilft Ihnen das Leitbild immer wieder bei inhaltlichen Diskussionen einzelner Themenschwerpunkte. Sie können sich stets fragen: Werden wir so unserem Leitbild gerecht? Ein Tipp von unserer Seite: Im Mittelpunkt Ihrer Arbeit steht das Kind. Ein professionelles Leitbild bezieht sich auf das Kind und seine Gefühle.
Beispiele für Leitsätze können sein:

Bei uns wird jedes Kind in seiner Einzigartigkeit wahrgenommen.
Jedes Kind ist uns willkommen.
Jedes Kind ist uns als Teil dieser Gemeinschaft wichtig.
Wir orientieren unsere Arbeit am Leben der Kinder.
Jedes Kind hat unser Vertrauen.

Elternfragebogen

30 Minuten

Auf die Bedürfnisse von Eltern als Zielgruppe in Ihrer Konzeption einzugehen, ist besonders wichtig. Ohne Eltern, die Ihre Kinder zu Ihnen bringen, können Sie als Einrichtung nicht existieren. Deshalb ist es empfehlenswert, sich die Eltern als Partner innerhalb der Konzeptionserstellung möglichst früh „ins Boot zu holen".

Beispiel für einen Elternbriefkasten

Beziehen Sie die Eltern bewusst von Anfang an in den Prozess der Konzeptionsentwicklung mit ein – und zwar derart, dass Sie einen Fragebogen vom Team erstellen lassen, der die Eltern nach ihren Wünschen, Meinungen und Gefühlen hinsichtlich der Einrichtung befragt. So wird den Eltern von Anfang an Raum gegeben, sich inhaltlich in die Konzeption einzubringen, und das Team nimmt eine wichtige Chance zielgruppenspezifischer Kommunikation wahr. Wenn ich weiß, was meine Zielgruppe erwartet und sich wünscht, kann ich natürlich speziell darauf eingehen. Das nicht zu nutzen, wäre aus unserer Sicht ein Fehler. Deshalb haben wir einen ausführlichen Muster-Fragebogen erarbeitet (S. 86–87).
Im weiteren Verlauf der Konzeptionserarbeitung empfehlen wir Ihnen ausdrücklich, die Eltern in regelmäßigen Abständen über ihre Aktivitäten und den „Stand der Dinge" innerhalb der Konzeptionsentwicklung zu informieren. Dafür bieten sich z.B. Elternabende

oder sonstige Informationsveranstaltungen an. Warum wir das vorschlagen? **Zeigen** Sie den Eltern, dass Sie viel Zeit und Mühe in diese Aufgabe stecken, dass Sie sich fachlich weiterbilden, dass Sie sich das Maximale an Qualität erarbeiten! Diese Transparenz ist extrem wichtig, wenn Sie das große Ziel der **Erziehungskooperation** erreichen möchten – sie ist ein Teil davon. So haben Eltern auch die Möglichkeit, Ihre Arbeit wertzuschätzen und Ihnen die Anerkennung entgegenzubringen, die Sie verdienen.

Es geht nicht darum, Eltern an den fachlichen Diskussionen teilhaben zu lassen. Vielmehr zeigen Sie, z.B. durch Fotos Ihrer Teamsitzungen, wie viel Engagement Sie investieren. Sie können beispielsweise eine Wanddokumentation in Ihrer Einrichtung anbringen, an der alle Termine für Ihre Teamsitzungen inkl. der festgelegten Dauer stehen. Die jeweiligen Fotos zu den Sitzungen bringen Sie dann dort an. Das sind drei Fliegen mit einer Klappe: Sie machen damit Ihre pädagogische Arbeit, den Wunsch der Erziehungskooperation und eine professionelle Öffentlichkeitsarbeit sichtbar. Und Sie begegnen einem oft durch Erzieherinnen ausgesprochenen indirekten Vorwurf: „Die Eltern wissen ja gar nicht, was wir alles machen – auch nach dem Feierabend. Wenn die wüssten …" Zeigen Sie es! Dann wissen die Eltern es auch.
In dem Fragebogen fragen Sie konkret nach Bedürfnissen, Wünschen, Forderungen, Vorschlägen etc., die die Eltern vorzubringen haben. Somit vermeiden Sie schon im Vorfeld, „am Ziel vorbeizuschießen". Außerdem ist es ein wichtiges Gefühl für Eltern, den Alltag Ihrer Einrichtung konkret mitgestalten zu können.

Damit auch tatsächlich alle Eltern den Fragebogen ausfüllen, raten wir Ihnen, den Elternrat über Ihr Vorhaben zu informieren und ihn um Unterstützung zu bitten.

Für die Rückgabe des Fragebogens benötigen Sie einen Elternbriefkasten, der gut sichtbar im Eingangsbereich Ihrer Einrichtung angebracht ist. Legen Sie eine Rückgabefrist fest (max. vier Wochen).
Hier kommen zur Hilfestellung ein paar Vorschläge für Fragen innerhalb eines Elternfragebogens. Diskutieren Sie jedoch im Team alle relevanten Fragen, die Sie beantwortet wissen möchten. Achten Sie darauf, dass möglichst viele Fragen nur durch Ankreuzen beantwortet werden. Das vereinfacht den Eltern das Ausfüllen und Ihnen die Auswertung.

Elternfragebogen

Kita Sonnenschein

Kita Sonnenschein

4. Wie beurteilen Sie unsere Mitarbeiter/innen?
(mehrere Antworten möglich)

- [x] überwiegend freundlich
- [x] fachlich kompetent
- [ ] als Ansprechpartner
- [ ] Ich vertraue ihnen.
- [x] Ich empfinde sie als Partner.
- [ ] überwiegend unfreundlich
- [ ] fachlich inkompetent
- [ ] kein Ansprechpartner
- [ ] Ich habe kein/wenig Vertrauen.
- [ ] Ich fühle mich allein gelassen.

Anmerkungen:
Wir sind mit den Erzieherinnen sehr zufrieden. Es stört uns nur etwas, dass sie in letzter Zeit so häufig Personalwechsel hatten und die Stelle von Carola ganz gestrichen wurde.

5. Was finden Sie an unserer täglichen Arbeit besonders gut?
Was sollten wir unbedingt beibehalten?
Dass Sie die Eltern gut in Ihre Arbeit einbeziehen und aufklären, besonders durch die Portfolioarbeit, die Entwicklungsgespräche und die Themenabende

6. Sind Sie derzeit verärgert über unsere Einrichtung/Mitarbeiter/innen?
Wenn ja, was bzw. wer hat Sie verärgert?
- [ ] ja
- [x] nein

Bemerkungen:
s.o. - dass die Stelle von Carola gestrichen wurde, ärgert uns. Aber wir haben ja schon Beschwerde beim Träger eingereicht.

7. Was schlagen Sie uns zur Verbesserung unserer Arbeit vor?
Welche Wünsche haben Sie an uns?
Wir würden uns noch ein wenig mehr Förderung für die Vorschulkinder wünschen, z. B. Frühenglisch wie in der Kita Hagenstrasse.

Herzlichen Dank für Ihre Mithilfe!
Ihr Team der Kita Sonnenschein

Gesetzesgrundlagen, Trägervoraussetzungen

10 Minuten

In Ihrer pädagogischen Arbeit gibt es einige gesetzliche Voraussetzungen als Arbeitsgrundlage, die verschiedene Bereiche abdecken. Sammeln Sie gemeinsam am Flipchart alle Gesetze und Verordnungen zur Kinderbetreuung, die für Ihre Region gelten und die Sie demzufolge in Ihrer Konzeption berücksichtigen müssen. Dabei wird bereits deutlich, inwiefern Ihr Team mit diesen Gesetzen vertraut ist. Der Bezug zu den Gesetzestexten erfolgt auf den ersten Seiten Ihrer Konzeption und bildet den einleitenden Rahmen für alle folgenden Ausführungen. Wenn Sie nicht sicher sind, ob Ihre Sammlung vollständig ist, können Ihnen die Jugendämter oder die zuständigen Ministerien jederzeit Auskunft geben.

Beantworten Sie sich nach der Sammlung am Flipchart folgende Fragen:

- Gibt es noch ergänzende Trägerpapiere? (Leitbilder, Qualitätshandbücher)
- Habe ich alle Gesetzestexte vor Ort?
- Kennen alle Teammitglieder die Inhalte der Gesetze und Verordnungen?
- Können die Eltern die Gesetze in der Einrichtung einsehen? Gibt es einen Gesetzes-Ordner?

Sollten Ihnen Gesetze fehlen, besorgen Sie sich unbedingt die entsprechenden Texte und legen Sie einen Gesetzes-Ordner an, den die Eltern und Besucher jederzeit in Ihrer Einrichtung einsehen können.

Gesetzesgrundlagen für die Kinderbetreuung am Beispiel des Bundeslandes Mecklenburg Vorpommern:

- *Tagesbetreuungsausbaugesetz (TAG)*
- *Kindertagesförderungsgesetz (KiFöG)*
- *Bildungskonzeption für Null- bis Zehnjährige in Mecklenburg-Vorpommern*
- *KiföG M-V*
- *Verordnung zur gesunden Lebensführung*
- *Kinder- und Jugendhilfegesetz (KJHG)*
- *Bundeskinderschutzgesetz (BKiSchG)*
- *Infektionsschutzgesetz (IfSG)*

In Ihrer Konzeption könnte als verankerter Beispielsatz stehen:

„Gesetzliche Grundlagen unserer pädagogischen Arbeit sind ..."

Familien-Collage

25 Minuten

Kindertagesstätten sind familienunterstützende Einrichtungen. Deshalb ist es wichtig, sich mit dem Begriff Familie im Wandel der Zeit auseinanderzusetzen und ihn zu definieren. Erst dann können Sie als Team verstehen, mit wem Sie es eigentlich als Zielgruppe genau zu tun haben und wie Sie darauf in Ihrer Arbeit reagieren. Der Weg zu dieser Erkenntnis ist ein spielerischer mit ernstem Hintergrund. Jedes Teammitglied bekommt die Aufgabe, auf einem weißen DIN-A3-Blatt eine Collage aus bunten Zeitschriften-Bildern zu erstellen, in der es das darstellt, was es selbst als seine Familie bezeichnet. Wer gehört dazu? Was verstehe ich unter meiner Familie? Sie werden sehen, dass es sehr spezifische Antworten darauf gibt und die klassische Konstellation Vater-Mutter-Kind(er) kaum mehr allein greift. Darauf reagieren Sie als gute Pädagoginnen in Ihrer Arbeit und in Ihrer Konzeption.

Definition einer Familie

10 Minuten

Nach dieser Sensibilisierung geht es nun um die wissenschaftliche Definition des Begriffs Familie, auf die Sie sich in Ihrer Konzeption beziehen oder die Sie zum besseren Verständnis verwenden können. Bevor Sie Ihrem Team diese Definition zeigen, geben Sie den Teammitgliedern die Aufgabe, den Begriff „Familie" auf Moderationskarten mit ihren eigenen Worten zu definieren. Tauschen Sie sich danach über die individuellen Vorstellungen aus.

Die Familie ist eine gesellschaftliche Institution, die in allen Staaten der Welt anerkannt ist. Der Begriff Familie wird unterschiedlich eng gefasst. Im westlichen Kulturkreis wird heute unter Familie meist die so genannte Kernfamilie verstanden, das heißt Vater, Mutter und deren (leibliche und/oder adoptierte) Kinder. Im weiteren Sinne meint Familie ganz allgemein miteinander verwandte oder verschwägerte Menschen.

Heutige Familienstrukturen unterliegen ökonomischen, politischen, sozialen, kulturellen und ethnischen Veränderungen. Zentrale Aspekte der Veränderung sind nachlassender Kinderwunsch, Berufstätigkeit beider Elternteile, Trennung der Eltern, Zusammenleben mit einem neuen Lebenspartner und ggf. dessen Kindern (so genannte PatchworkFamilien), aber auch die Veränderungen im Freizeitverhalten (so genannte Verinselung). Heute bezeichnen sich auch Lebensgemeinschaften von unverheirateten oder nicht verwandten Menschen als Familie. Besonderheiten der Familie im Unterschied zu institutionalisierten Erziehungsumwelten wie Krippe, Kita oder Schule sind für die Kinder vor allem die geringe Größe und wenig gleichaltrige Bezugspersonen. Zudem hat die Familie im Sinne der Eltern-Kind-Beziehung eine besondere Bedeutung für den Erwerb sozialer Kompetenzen.

Soziale und gesellschaftliche Hintergründe der Familien vor Ort

20 Minuten

Schauen Sie sich die Familien an, aus denen die Kinder zu Ihnen in die Einrichtung gebracht werden. In welchen Familien-Situationen leben die Kinder und Eltern? Tragen Sie die Antworten am Flipchart zusammen. Diese Frage dient der Erkenntnis, dass Familien heutzutage in sehr komplexen sozialen Strukturen leben. Es gibt nicht mehr die **eine** klassische Vorstellung von Familie, an der Sie sich für Ihre pädagogische Arbeit orientieren können.

Realitäten hinsichtlich gegenwärtiger Familienstrukturen sind: alleinerziehende Mütter oder Väter, Eltern als Arbeitssuchende, Sozialhilfeempfänger oder Saisonbeschäftigte, Scheidungskinder, Patchwork-Familien, Familien mit Migrationshintergrund, kinderreiche Familien etc.

Die Aufgabe von Kindertagesstätten ist es, diesen gesellschaftlichen Hintergründen und Familienstrukturen innerhalb ihrer Arbeit gerecht zu werden. Das bedeutet, dass Sie als Erzieherinnen sich mit Folgen wie sozialen Ängsten, inhaltlicher Überforderung, Zeitmangel und verschiedenen Hilflosigkeiten der Eltern auseinandersetzen. Da es sich um existentielle Sorgen und Fragen handelt, ist es wichtig, dass Sie Ansprechpartnerinnen, Ratgeberinnen und vor allem verständnisvolle Partnerinnen für Eltern sind.

Das abschließende Ziel dieses Arbeitspunktes ist es, eine achtende und wissende Formulierung für Ihre Konzeption zu finden, in der deutlich wird, dass Sie um die sozialen und gesellschaftlichen Hintergründe Ihrer Zielgruppe wissen und darauf eingehen. Damit zeigen Sie den Eltern deutlich, dass Sie sich mit den vielschichtigen Familiensituationen der Gegenwart beschäftigt haben und darauf in Ihrer Arbeit eingehen.

Dieses Beispiel dient der Orientierung.
Es ist wichtig, dass Sie Ihre eigene Aussage formulieren!

Lebenswelt der Kinder und Familien vor Ort

Familien meistern heutzutage viele Aufgaben. Da gilt es Wege zu verbinden, Termine unter einen Hut zu bringen, Zeit für gemeinsame Unternehmungen zu schaffen und individuelle Herausforderungen zu bewältigen. Es gibt kein Standardrezept für das Gelingen des Familienalltags. Jede Familie ist einzigartig und findet eigene Lösungen. Auch die Familienstrukturen sind unterschiedlich: So leben Kinder entweder mit Mutter und Vater zusammen oder mit nur einem Elternteil, sie haben Geschwister oder sind Einzelkinder, sie leben in Patchworkfamilien oder Regenbogenfamilien, bei Pflege- oder Adoptiveltern. Die Jungen und Mädchen lernen in ihren Familien die eigene Kultur oder auch Religion kennen. Wir freuen uns auf diese bunte Lebensvielfalt, mit der sie unsere Kita bereichern. Hier spielen sie miteinander, lernen voneinander, entdecken gemeinsam Neues und finden Freunde.
Auf diesem Weg begleiten wir sie.

Familienstadtführer

20 Minuten

In Ihrer Konzeption wird es ein Kapitel geben, in dem Sie Kooperationen und Zusammenarbeiten mit Institutionen, Firmen, Vereinen, Berufsständen und Personen in Ihrer Umgebung sowie Ihre spezielle Infrastruktur beschreiben.
Um sich zu verdeutlichen, wen und was es in Ihrer näheren und weiteren Umgebung überhaupt gibt und wie eine Partnerschaft aussehen könnte, sammeln Sie gemeinsam am Flipchart alle Anlaufpunkte, die Ihnen einfallen. Das betrifft soziale, kulturelle, sportliche, wirtschaftliche, medizinische und gastronomische Angebote.

Wenn Sie die Sammlung ungeordnet zusammengetragen haben, gilt es, diese Ressourcen in einem Stadtplan festzuhalten. Mittelpunkt des Planes ist Ihre Kita. Skizzieren Sie einen familiengerechten Stadtplan, auf dem all diese Ressourcen vermerkt sind. Dabei wird deutlich, in welcher Infrastruktur sich Ihre Einrichtung befindet. Sie werden mögliche Kooperationen erkennen oder Eltern aufzeigen können, welche Wege sie mit dem Besuch der Kita miteinander verbinden können. Dieser Stadtplan ist ein Teil Ihrer Konzeption unter dem Punkt „Lageplan", ist also im Endformat DIN A4 anzufertigen.

Hausaufgabe

5 Minuten

Jedes Teammitglied bekommt die Hausaufgabe, bis zur nächsten Teamsitzung einen Textbaustein zur Lebenswelt der Familien vor Ort zu formulieren. Finden Sie eine Formulierung, die auf die speziellen Lebensumstände Ihrer Familien eingeht, Ihr Verständnis dafür spürbar macht und Ihre dementsprechenden Reaktionen innerhalb Ihrer pädagogischen Arbeit zum Ausdruck bringt.
Zeigen Sie Ihrem Team das aufgeführte Beispiel (S. 38) erst bei Ihrem nächsten Treffen, bei dem Sie auch all Ihre eigenen Vorschläge diskutieren.

Stadtplan vom Förderverein Naturkindergarten „Eichhörnchen" e.V., Höhenland

Checkliste für die dritte Teamsitzung

Rahmenbedingungen:

- [ ] Raum vorbereiten
- [ ] Auf bequeme Sitzmöbel achten
- [ ] Getränke und Snacks bereitstellen

Materialien:

- [ ] Stifte
- [ ] Lernhefter
- [ ] Flipchart
- [ ] Flipchartpapier
- [ ] Whiteboard
- [ ] Glocke
- [ ] Wecker
- [ ] Eddings
- [ ] Alte Prospekte und Zeitschriften mit vielen Fotos
- [ ] Diverse bunte Zeitschriften
- [ ] Bastelmaterialien
- [ ] Klebestifte
- [ ] Schere
- [ ] Weiße DIN-A3-Blätter

Technik:

- [ ] Digitalkamera
- [ ] Videokamera
- [ ] Diktiergerät

Schritt 4:
Brainstorming

Ziel

Die vierte Teamsitzung dient dazu, Ihrem Konzept eine erste Struktur zu verleihen – es entsteht das Gerüst, anhand dessen Sie Ihre Konzeptionserarbeitung aufbauen. Am Ende dieser Teamsitzung haben Sie einen guten Überblick über die zu lösenden Aufgaben, sowohl inhaltlich als auch optisch.

Rahmenbedingungen

Bereiten Sie den Raum wie gehabt laut Checkliste vor. Denken Sie als Leiterin daran, dass einige Dinge von Ihnen schon im Vorfeld erledigt werden (siehe Checkliste, S. 50).

Genauer Ablaufplan

Es folgt wie gehabt der genaue Ablaufplan der vierten Teamsitzung. Planen Sie 2,5 Stunden ein.

Wir empfehlen Ihnen, vor der thematischen Zuordnung eine kurze Erholungspause zu machen.

Warm-up „Visitenkarten"

10 Minuten

Bei diesem Warm-up werden Sie nicht nur den allgemeinen Anforderungen an eine Erwärmung gerecht (gleichzeitige körperliche und geistige Betätigung), sondern Sie nähern sich auch inhaltlich dem heutigen Thema.

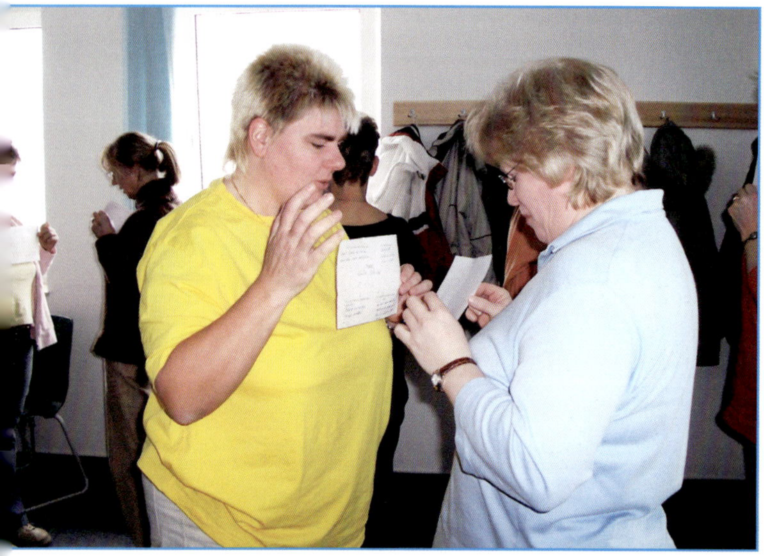

Warm-up „Visitenkarte" beim Leiterinnenkurs Wolgast 2007

Jedes Teammitglied füllt die Kopiervorlage (die „Visitenkarte", S. 88) aus. Es wird dabei nicht miteinander gesprochen. Dann stellen sich alle Teammitglieder ungeordnet – schweigend – mit ihrer Visitenkarte vor dem Körper im Raum auf. Die Visitenkarte hält jede so vor den Körper, dass man sie gut lesen kann. Nun stellt sich jedes Teammitglied einmal vor jede Anwesende, dass jede die Möglichkeit hat, die Visitenkarte der anderen zu lesen. Dies geschieht schweigend.

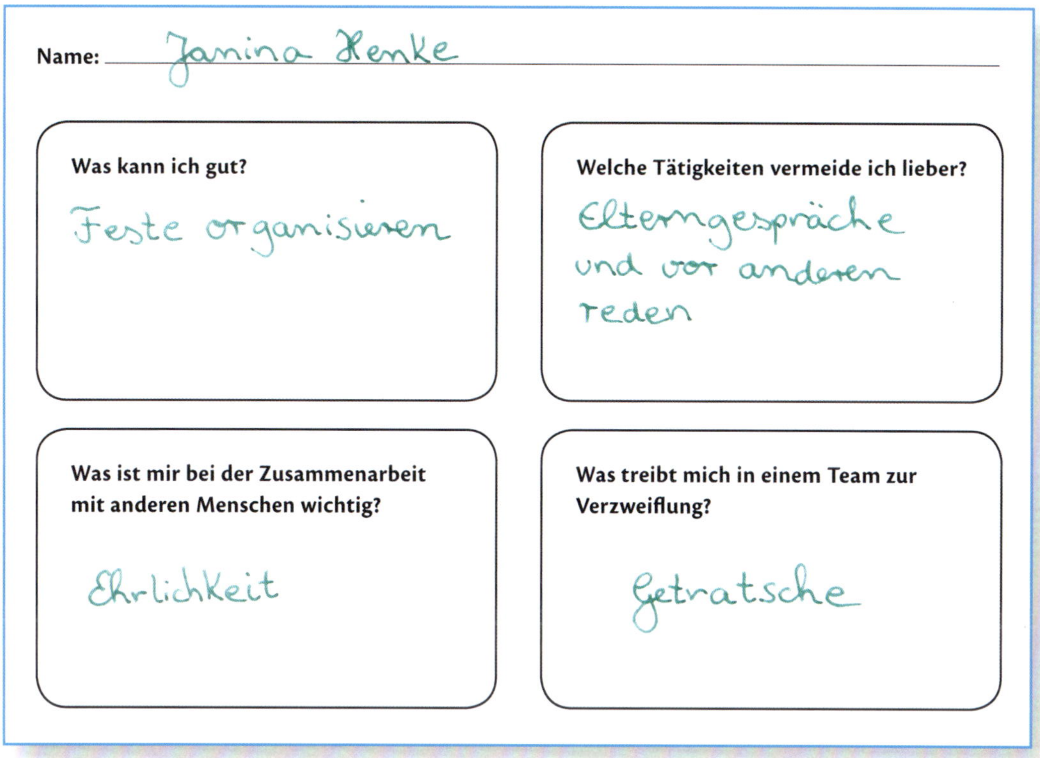
Name: Janina Henke

Was kann ich gut?
Feste organisieren

Welche Tätigkeiten vermeide ich lieber?
Elterngespräche und vor anderen reden

Was ist mir bei der Zusammenarbeit mit anderen Menschen wichtig?
Ehrlichkeit

Was treibt mich in einem Team zur Verzweiflung?
Getratsche

In diesem Warm-up beschäftigen Sie sich mit Ihren eigenen Stärken – manchmal werden Sie sich dieser erst dadurch bewusst. Das ist sehr motivierend und führt oft zu überraschenden Erkenntnissen innerhalb eines Teams. Sätze wie „Wir ergänzen uns ja total gut!" fallen häufig am Ende dieser Aufgabe. Gleichzeitig ist dieses Warm-up schon eine gute Ressourcensammlung von Kompetenzen und Möglichkeiten in Ihrem Team.

Auswertung der Hausaufgabe

15 Minuten

Sie hatten die Hausaufgabe, jede eine Formulierung zur Beschreibung der Lebenswelten der Familien an Ihrem Standort zu finden. Lassen Sie nun jedes Teammitglied seine Formulierung langsam vorlesen. Die anderen achten darauf, ob diese Formulierung stimmig, vollständig und konkret genug ist und ob sie sich darin als Einrichtung wiederfinden.
Das Ziel ist es, sich für **einen** Vorschlag zu entscheiden und ihn als Textbaustein in die Konzeption zu übernehmen. Sollten Sie gemeinsam eine Formulierung ausgewählt haben, die jedoch noch nicht perfekt ist, bekommt die Verfasserin sie noch einmal mit nach Hause und überarbeitet sie auf der Basis der protokollierten heutigen Anregungen des Teams bis zur nächsten Sitzung. Wenn Sie sich auf keinen einzigen Vorschlag einigen können, stellen Sie dieselbe Hausaufgabe noch einmal für alle. Diskutieren Sie an dieser Stelle, warum das Team mit dieser Aufgabe Schwierigkeiten hatte. Seien Sie nicht enttäuscht, wenn Sie nicht sofort ein gutes Ergebnis erreichen. Es ist zu erwarten, dass bei den Formulierungen Probleme auftreten. Erzieherinnen sind Praktikerinnen und können sich oft mündlich besser artikulieren als schriftlich. Schriftliche Formulierungen gehören zu den Dingen, die Sie bei der Konzeptionserstellung lernen. Allgemeine Tipps zum Formulieren finden Sie auch im Anhang.

Kompetenzen, Defizite, Wünsche

Vorbereitung: 5 Minuten
Visualisierung: 20 Minuten

Zur Vorbereitung dieses Arbeitsschrittes benötigen Sie genügend rote und grüne Papierstreifen (ca. 1,5 cm x 10 cm). Schneiden Sie etwa 100 Stück pro Farbe zurecht, und legen Sie die Streifen in die Mitte vom Tisch, sodass jede sie gut erreichen kann.

Nun schreiben Sie an das Flipchart oder eine Tafel folgende drei Fragen und die dazugehörige Farbe der Papierstreifen:

A) Was können wir/kann ich gut? **grün**

B) Was läuft in unserer Einrichtung nicht gut/was kann ich nicht gut? **rot**

C) Was wünsche ich mir für unsere Einrichtung/für meine Arbeit? **rot**

Diese Fragen bleiben (auch für die nächsten Wochen) gut lesbar stehen.

Jedes Teammitglied schreibt nun alle Antworten, die ihr zu den drei Fragen einfallen, auf die verschiedenfarbigen Streifen.

Dafür gelten folgende Regeln:

- Jede Antwort erhält einen Papierstreifen.
- Alles, was ich gut finde, schreibe ich auf einen grünen Streifen.
- Alles, was ich nicht gut finde oder mir für die Zukunft wünsche, schreibe ich auf einen roten Streifen.
- Es gibt keine Unterscheidung zwischen Einzel- und Gesamtleistungen, also zwischen dem, was ich als einzelne Person gut/nicht gut kann oder als Einrichtung.
- Jede, die etwas aufschreibt, sagt **laut** an, **was** sie aufschreibt und auf **welche Farbe** (also ob sie es für gut oder schlecht laufend hält).
- Wenn jemand mit dem Gehörten auf einer bestimmten Farbe nicht einverstanden ist, kann er dasselbe Wort noch einmal auf eine andere Farbe schreiben. Auch das wird laut angesagt.
- Keine Niederschrift wird erklärt. Es wird nur gesammelt.

Beispiele zur Erklärung:
Schreiben Sie möglichst **konkrete** Dinge auf, z.B. das Wort „Flyer". Wenn Sie finden, dass Sie als Einzelperson oder als Team in Ihrer Einrichtung gute Flyer schreiben, dann sagen Sie laut: „Ich schreibe *Flyer* auf grün." So können die anderen hören, was schon gesagt wurde und was damit erfasst ist. Sollte ein anderes Teammitglied der Meinung sein, dass die *Flyer*, die sie herstellen, nicht so gut sind, kann es sagen: „Ich schreibe *Flyer* noch mal auf rot." Erklären Sie das nicht, sondern sammeln Sie Ihre Meinungen.

Wichtig ist, dass Sie alle Bereiche Ihrer Arbeit erfassen und möglichst viele Einzelheiten notieren. Vermeiden Sie Verallgemeinerungen.

Auf jeden Fall brauchen Sie genügend Begriffe aus folgenden Bereichen (die Sie, als Leiterin, namentlich aber noch nicht vorgeben):

- Elternarbeit
- Öffentlichkeitsarbeit
- Pädagogische Arbeit
- Tagesablauf
- Bildungspläne
- Bild vom Kind
- Rolle der Erzieherin/Berufsverständnis
- Beobachten und Dokumentieren
- Essen
- Team
- Kooperationen

Sollten einige Bereiche durch die Antworten noch nicht abgedeckt sein, ermutigen Sie als Leiterin Ihr Team durch gezielte Nachfragen, wie: „Denkt doch mal an den gesamten Tagesablauf. Was fällt Euch da noch ein? Was läuft gut oder nicht gut?"
Die Mustergliederung auf Seite 90 dient ausschließlich der Leitungskraft zur Orientierung, ob alle wesentlichen Punkte in der eigenen Gliederung berücksichtigt wurden.

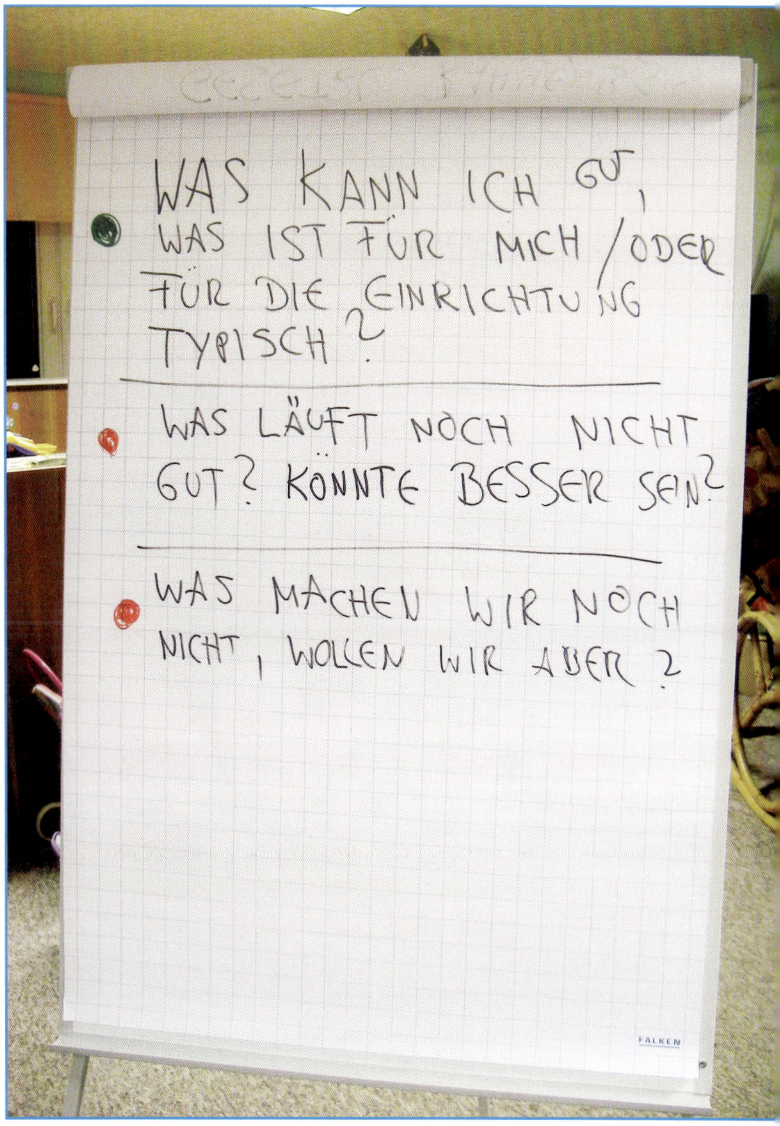

Kompetenzen, Wünsche, Defizite – erst, wenn man den Ist- und den Soll-Zustand erarbeitet hat, kann man mit der Konzeption beginnen.

Thematische Zuordnung

20 Minuten

Alle beschrifteten roten und grünen Papierstreifen liegen ungeordnet auf dem Tisch. Nun gilt es, eine erste Sortierung vorzunehmen. Ordnen Sie alle Papierstreifen (egal, ob rot oder grün) in der Art, dass sie thematisch zueinanderpassen. Legen Sie alle zueinanderpassenden Papierstreifen in **einer Reihe untereinander** auf den Tisch oder den Fußboden. Daran sind unbedingt alle Teammitglieder beteiligt. Es kann vorkommen, dass Sie sich bei einigen Begriffen im Team nicht einigen können, wohin diese Papierstreifen passen, in welche Reihe Sie diese einordnen möchten. Dann können Sie den betreffenden Begriff noch einmal auf dieselbe Farbe aufschreiben und ihn ebenfalls an die zweite Stelle, also in insgesamt zwei Reihen, einordnen. Finden Sie nicht nur drei Themen, sondern ca. acht bis zehn Themen – je konkreter, desto besser.

Suche nach der ersten thematischen Zuordnung in der Kita „Goedecke-Micheel-Hof in Bergen" …

Beispiel:
Das Wort *Elternabend* liegt in einer Reihe mit anderen Begriffen, die alle zum Thema *Elternarbeit* passen. Nun möchte jemand den Begriff *Elternabend* lieber in eine andere Reihe einordnen, z.B. in eine Reihe, in der auch andere Maßnahmen der Öffentlichkeitsarbeit liegen. Dann schreiben Sie das Wort *Elternabend* noch einmal auf und legen es ebenfalls in die Reihe der Begriffe, die Sie zum Thema Öffentlichkeitsarbeit gesammelt haben.

… und während des Leiterinnenkurses 2007 in Wolgast

Konzeptionserstellung im Kinderclubhaus Dammweg in Berlin-Neukölln

Arbeitstitel für Themenbereiche finden

15 Minuten

Ihre thematisch zueinanderpassenden Papierstreifen-Reihen liegen nun vor Ihnen. Sicher haben Sie bei der Zuordnung schon gemerkt, dass Sie die Streifen einem bestimmten Thema zuordnen, das Sie manchmal schon ausgesprochen haben. Jetzt besteht Ihre Aufgabe darin, allen Reihen Arbeitstitel zu geben, also eine Überschrift zu finden, die das Thema umfasst, das Sie als eine Reihe sortiert haben.
Diese Überschriften schreiben Sie auf **weiße** Papierstreifen der gleichen Größe und legen Sie über Ihre einzelnen Reihen.
Manchmal bildet ein Wort aus der Reihe schon die Überschrift für das gesamte Thema, z.B., wenn auf einem Papierstreifen „Öffentlichkeitsarbeit" steht. Der Begriff ist zwar ein allgemeiner und deshalb keine gute Einzelnennung, soll aber als Beispiel dienen. Alle Überschriften, die Sie finden, bilden die einzelnen thematischen Kapitel in Ihrer Konzeption. Hinzu kommen einleitende und abschließende Themen, aber diese Überschriften bilden den **thematischen Kern** Ihrer Konzeption. Die von Ihnen an dieser Stelle gefundenen Überschriften sind erst einmal Arbeitstitel, d.h., Sie können Sie später bei der endgültigen Formulierung in der Konzeption noch einmal umbenennen.

Diskussion der Reihenfolge für die Konzeption und Visualisierung

50 Minuten

Die einzelnen Reihen mit ihren dazugehörigen Überschriften liegen nun vor Ihnen. Jetzt gilt es, diese Überschriften (Kapitel) in eine logische Reihenfolge für die Konzeption zu bringen. Das ist dann Ihr vorläufiges **Inhaltsverzeichnis**. Überlegen Sie sich, wie Sie Ihre Konzeption strukturieren wollen. Welche Überschrift ergibt in welcher Reihenfolge einen Sinn?
Welche Reihenfolge ist schlüssig für den Leser?

Es gibt die Möglichkeit, von „außen" nach „innen" vorzugehen. Das bedeutet, dass Sie beschreiben:
Wo ist Ihre Kita?
Wie sieht sie aus?
Wer arbeitet dort?
Was machen Sie dort?

So führt man den Leser über den Standort, die Räume, die Mitarbeiter bis hin zur eigenen pädagogischen Arbeit. Sie können natürlich auch jede andere Reihenfolge wählen – wichtig ist, dass sie schlüssig ist.

Wir empfehlen Ihnen, das Kapitel „Elternarbeit" relativ früh in Ihrer Konzeption anzuordnen, selbst wenn es der logischen Reihenfolge nach weiter hinten in der Konzeption anzusiedeln wäre. Damit gehen Sie auf die speziellen Befindlichkeiten von Eltern ein und betonen die Wichtigkeit der Zusammenarbeit. Diese Ausnahme in der Reihenfolge ist jedoch die einzige, die wir Ihnen vorschlagen. Wenn Sie sich für eine Reihenfolge entschieden haben, dann gehen Sie wie folgt vor: Legen Sie die Reihenfolge auf dem Fußboden

Thematische Zuordnung

zurecht. Neben oder unter den Überschriften liegen Ihre einzelnen Unterpunkte. Hängen Sie nun ein großes weißes Blatt im Format DIN A0 (Sie können auch mehrere DIN-A3-Blätter zusammenkleben) an die Wand, und zwar im Querformat. Auf diesem Blatt legen Sie die Reihenfolge der Kapitel für Ihre Konzeption fest, und es ist gleichzeitig Ihre wichtigste Diskussionsgrundlage für die kommenden Wochen. Schreiben Sie auf dieses Blatt, beginnend oben links, untereinander die Begriffe:

- Deckblatt
- Gesetzliche Rahmenbedingungen
- Lebenswelt der Kinder
- Lageplan

… und unten links auf das Blatt:

- Quellennachweis
- Unterschriftensammlungen (Träger, Eltern)

Zwischen diese einleitenden und abschließenden Kapitel kleben Sie nun die Reihenfolge Ihrer Überschriften und die dazugehörigen Unterpunkte mit einem Klebestift oder mit einem lösbaren Klebeband auf (siehe Fotos).

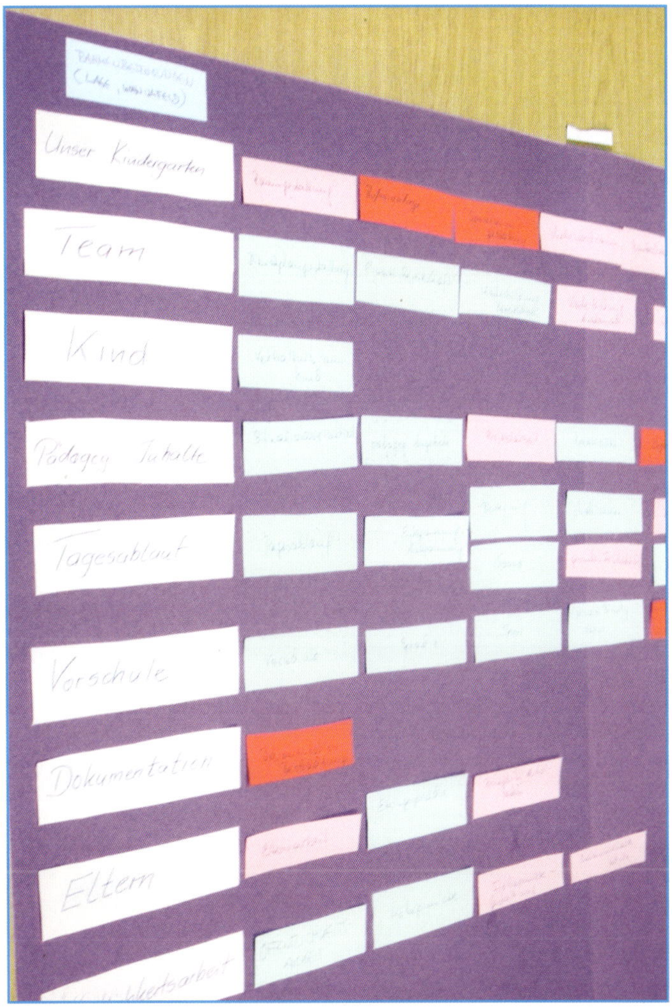

Mögliche Reihenfolge – Auszug aus der Gliederung der Konzeption vom KCH Dammweg Berlin

Hausaufgabe

5 Minuten

Beschäftigen Sie sich alle weiterhin im Alltag mit den drei Fragen, die Sie eingangs am Flipchart notiert haben. Wenn Ihnen ein weiterer Punkt einfällt, den Sie bisher noch nicht genannt haben, schreiben Sie ihn auf einen Papierstreifen (rot oder grün je nach Einschätzung) und werfen Sie diesen Papierstreifen in eine Klarsichthülle, die Sie neben Ihrer großen Übersicht, die ja nun an der Wand hängt, angebracht haben. Die Anbringung und Zuordnung dieses Begriffes wird dann in der nächsten Sitzung gemeinsam mit allen Teammitgliedern vorgenommen. Gleiches gilt auch für Umstrukturierungen und Neuzuordnungen.

Checkliste für die vierte Teamsitzung

Rahmenbedingungen:

- ☐ Raum vorbereiten
- ☐ Auf bequeme Sitzmöbel achten
- ☐ Getränke und Snacks bereitstellen

Materialien:

- ☐ Stifte
- ☐ Lernhefter
- ☐ Flipchart
- ☐ Flipchartpapier
- ☐ Whiteboard
- ☐ Glocke
- ☐ Wecker
- ☐ Eddings
- ☐ Schere
- ☐ DIN-A0-Papier oder großes zusammengeklebtes Blatt Papier
- ☐ 20 weiße Streifen Papier (1,5 cm x 10 cm)
- ☐ 100 grüne Streifen Papier (1,5 cm x 10 cm)
- ☐ 100 rote Streifen Papier (1,5 cm x 10 cm)
- ☐ Klebestifte
- ☐ Vorbereitete (kopierte) Visitenkarte für jedes Teammitglied

Technik:

- ☐ Digitalkamera
- ☐ Videokamera
- ☐ Diktiergerät

Schritt 5:
Wertigkeiten festlegen und Beginn der Diskussionsphase

Ziel

In dieser Teamsitzung entwickeln Sie nun Ihren eigenen „Fahrplan“ zur weiteren Konzeptionsfortschreibung für die nächsten Wochen. Seit Ende der letzten Sitzung hängt ja als Ergebnis ein großes Blatt Papier mit den Überschriften und Inhalten der Konzeption in Ihrem Arbeitsraum. Das ist ein guter inhaltlicher und optischer Überblick, den wir Ihnen zu Beginn der letzten Teamsitzung versprachen.
Nun geht es darum, die Reihenfolge der Bearbeitungen der einzelnen Themen (Überschriften) festzulegen. Wenn dies geschehen ist, haben Sie einen sehr strukturierten Plan vor Augen – der Aha-Effekt ist garantiert.

Rahmenbedingungen

Die Vorbereitung geschieht natürlich wieder laut Checkliste. Denken Sie als Leiterin an die Vorbereitung der notwendigen Kopien im Vorfeld. Vergessen Sie nicht, wie immer ein Protokoll der Sitzung führen zu lassen. Das wird in dieser Phase sehr wichtig.

Genauer Ablaufplan

Orientieren Sie sich wie gehabt an unseren Vorschlägen für den Ablauf der Sitzung. Planen Sie zwei Stunden ein. Die Diskussion der Themenbereiche wird in dieser Sitzung nur begonnen und während der Diskussionsphase (Schritt 6, ab S. 59) weitergeführt.

Warm-up „Autogrammjagd“

5 Minuten

Dieses Warm-up baut auf das vorherige, die Visitenkarte, inhaltlich auf. Es führt zu einer vertiefenden Wahrnehmung eigener und fremder Stärken. Es empfiehlt sich auch für den Beginn eines Elternabends, da Sie einen guten Überblick über einzelne Kompetenzen der Eltern erhalten.

Und so geht es:
Bereiten Sie ein Blatt mit ca. 20 Aussagen vor, die verschiedene Stärken und Kompetenzen von Menschen beinhalten. Eine Vorlage finden Sie auf Seite 89. Jedes Teammitglied bekommt eine Kopie dieses Blattes. In dem Warm-up ist das Ziel, dass jede innerhalb von drei Minuten möglichst viele Unterschriften der anderen Mitspieler auf ihrem Blatt sammelt. D.h., jedes Teammitglied, das meint, „diese genannte Stärke trifft auf mich zu“, unterschreibt dem anderen Teammitglied diese Aussage. Da alle Mitspieler zum gleichen Zeitpunkt mit der „Autogrammjagd“ beginnen, kann es ein ziemliches Durcheinander geben. Das ist okay – Sie werden sehen, dass sich die Spielerinnen schon irgendwie durchsetzen. Manch eine wird erfinderisch bei der schnellen Beschaffung von Unterschriften.

Nach drei Minuten beenden Sie durch ein Zeichen das Spiel. Wer die meisten (unterschiedlichen) Unterschriften gesammelt hat, hat gewonnen – obschon es eigentlich nicht um diesen Gewinn geht (der ist nur ein Anreiz, den Sie am Anfang nennen sollten). Es geht vielmehr um eine Sammlung von Stärken im Team.

Überlegen Sie als Leiterin im Vorfeld, ob die Aussagen, die Sie aufgeschrieben haben, Kompetenzen sind, die Ihnen im Team bei der Konzeptionserstellung und in Ihrer pädagogischen Arbeit zugutekommen. Sie können die abgebildete Vorlage natürlich verwenden, aber überprüfen Sie, ob Ihnen nicht noch etwas anderes einfällt, das Sie gern erfahren würden. In der Auswertung ist auch interessant zu schauen, ob ein Name vielleicht sehr oft auftaucht. Das ist dann wahrscheinlich jemand, der sehr engagiert und schnell bereit ist, dies zu „unterschreiben".

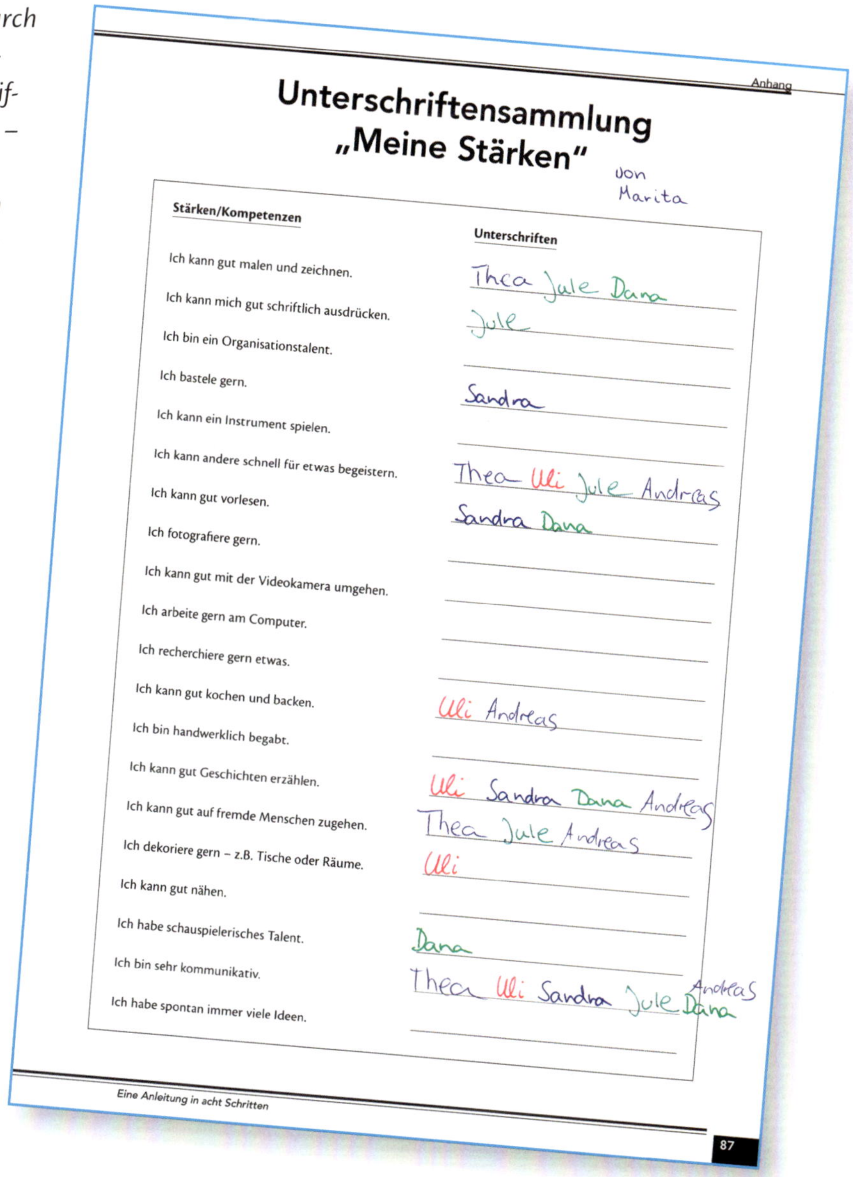

Anhang

Unterschriftensammlung „Meine Stärken" von Marita

Stärken/Kompetenzen	Unterschriften
Ich kann gut malen und zeichnen.	Thea Jule Dana
Ich kann mich gut schriftlich ausdrücken.	Jule
Ich bin ein Organisationstalent.	
Ich bastele gern.	Sandra
Ich kann ein Instrument spielen.	
Ich kann andere schnell für etwas begeistern.	Thea Uli Jule Andreas
Ich kann gut vorlesen.	Sandra Dana
Ich fotografiere gern.	
Ich kann gut mit der Videokamera umgehen.	
Ich arbeite gern am Computer.	
Ich recherchiere gern etwas.	
Ich kann gut kochen und backen.	Uli Andreas
Ich bin handwerklich begabt.	
Ich kann gut Geschichten erzählen.	Uli Sandra Dana Andreas
Ich kann gut auf fremde Menschen zugehen.	Thea Jule Andreas
Ich dekoriere gern – z.B. Tische oder Räume.	Uli
Ich kann gut nähen.	
Ich habe schauspielerisches Talent.	Dana
Ich bin sehr kommunikativ.	Thea Uli Sandra Jule Andreas Dana
Ich habe spontan immer viele Ideen.	

Eine Anleitung in acht Schritten 87

Überprüfung der thematischen Zuordnungen und Auswertung der Hausaufgabe

10–15 Minuten

Sehen Sie sich Ihre vorläufige Übersicht gemeinsam an. Fragen Sie das Team, ob alle Überschriften, Zuordnungen und Inhalte für jeden Einzelnen immer noch stimmig sind. Gibt es Ergänzungen? Liegen neue Vorschläge in der dazu angebrachten Folie? Möchte jemand etwas verändern, umsortieren? Mit dem Abstand zur letzten Sitzung sieht man manchmal die Dinge anders. Inzwischen sind ja auch zwei bis drei Wochen vergangen, in denen Sie den Alltag in Ihrer Einrichtung noch einmal bewusst und vielleicht mit anderen Augen erlebt haben. Das kann zu Veränderungen oder Ergänzungen auf Ihrer großen Übersicht führen. Wenn diese notwendig sind, ergänzen Sie die Zusätze in der entsprechenden Farbe oder überkleben Sie gegebenenfalls die Papierstreifen oder tauschen Sie diese aus. Das können Sie jederzeit zu einem späteren Zeitpunkt wiederholen.

Wertigkeiten festlegen

10 Minuten

In diesem Arbeitsschritt legen Sie nun die **Reihenfolge der Diskussion** der einzelnen Arbeitstitel (Überschriften) fest. Sie gehen nicht nach der Reihenfolge auf Ihrer großen Übersicht vor, sondern folgendermaßen: Verteilen Sie an jedes Teammitglied Klebepunkte. Jede bekommt anzahlmäßig so viele Punkte, dass es die Hälfte Ihrer Arbeitstitel ergibt. Bei 14 Arbeitstiteln erhält z.B. jede sieben Klebepunkte. Ist es eine ungerade Zahl, nehmen Sie den niedrigeren Wert, also bei 17 Arbeitstiteln bekommt jede acht Punkte.

Nun klebt jede an die Überschrift einen Punkt, die sie unbedingt diskutieren möchte, also für sehr wichtig erachtet. Die Beweggründe spielen dabei keine Rolle. Sie müssen sich also entscheiden, welche aufgeführten Punkte Sie am wichtigsten finden. Am Ende werden Sie feststellen, dass eine Überschrift die meisten Punkte hat, eine die zweitmeisten usw. Das bestimmt die Reihenfolge der Diskussion (nicht die inhaltliche in der Konzeption). Sie fangen natürlich mit dem Kapitel an, das die meisten Punkte bekommen hat. Sollten einige Überschriften gleich viele Punkte haben, können Sie noch einmal ein „Stechen" durchführen, bei dem man sich zwischen beiden entscheiden muss.
Diese Methode gewährleistet, dass die Themen, die Ihnen am meisten „auf der Seele brennen", zuerst behandelt werden. Das ist eine wichtige psychologische Herangehensweise.

Ausnahme innerhalb der Methode:
Wenn Sie **acht oder weniger Teammitglieder** sind, dann verteilen Sie an jedes Teammitglied wie oben beschrieben die Punkte. Jede verteilt ihre Punkte nun so: Das wichtigste Thema bekommt drei Punkte, das zweitwichtigste zwei Punkte, alle anderen Themen bekommen einen Punkt. Andernfalls kommen Sie zu keinem konstruktiven Ergebnis in einem kleinen Team.
Die Überschriften, die keine Punkte erhalten haben, werden zum Schluss diskutiert. Sie fallen nicht heraus aus der Konzeption!

Bepunktete Übersicht im KCH Dammweg in Berlin

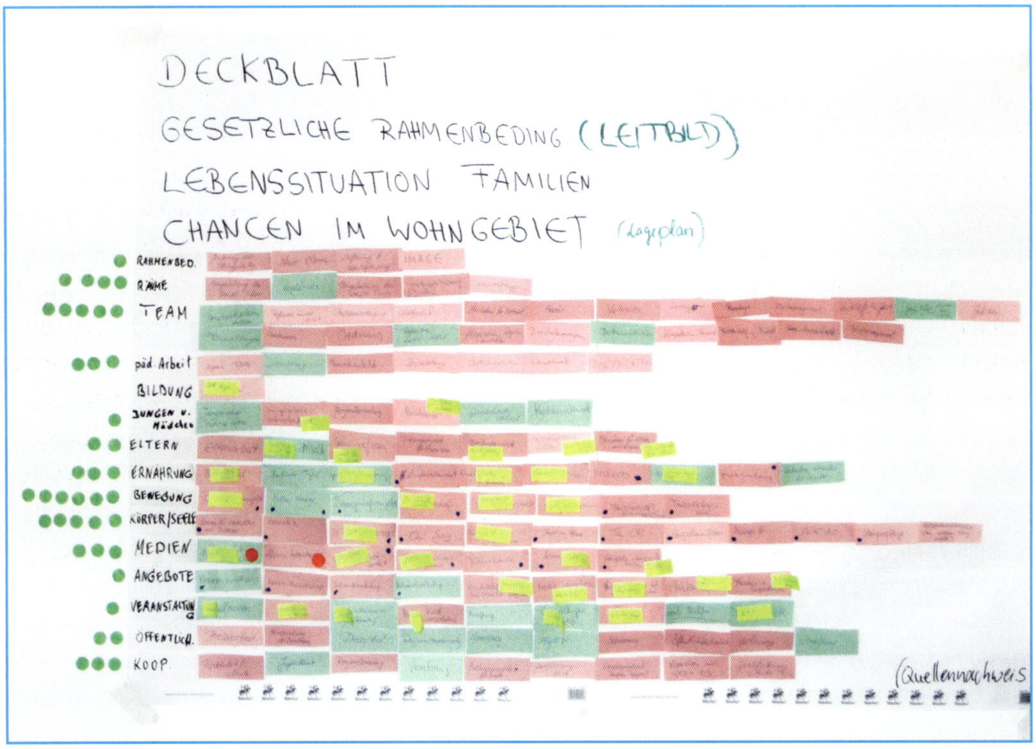

Einführung in die Fünf-Schritt-Folge

15 Minuten

Das Team nimmt sich nun die einzelnen Bereiche (Überschriften) laut der entstandenen Reihenfolge zur Bearbeitung – und demzufolge zur Diskussion – vor.

Um jedes einzelne Kapitel allumfassend auszudiskutieren und letztlich zu verschriftlichen, nehmen Sie sich jeden einzelnen Streifen vor, indem Sie sich dazu jeweils die folgenden fünf Fragen stellen (siehe auch Vorlage, S. 90):

1. *Was verstehe ich/was verstehen wir unter diesem Thema?*
2. *Was sagt die Fachliteratur zu diesem Thema?*
3. *Wie setzen wir das Thema bisher um, wo stehen wir (IST)?*
4. *Welche Ziele wollen wir mit diesem Thema erreichen, wo wollen wir hin (SOLL)?*
5. *Mit welchen Methoden wollen wir das umsetzen (WEG)?*

Bei der Frage 5 wird deutlich, warum Sie diesen Punkt auf rote oder grüne Papierstreifen geschrieben haben. Das diskutieren Sie an dieser Stelle.
Fragen Sie, ob alle im Team die Fragen verstanden haben und ihnen diese Reihenfolge logisch erscheint. Wenn Sie sich strikt an diese Vorgehensweise halten, besteht keine Gefahr, dass Sie einen Punkt zu schnell „abhaken" oder bestimmte Dinge vergessen oder unterschlagen. Nutzen Sie diese Methode im besten Sinne aus.

Diskussion der Themenbereiche je nach Wertigkeit

Zeit offen – stoppen Sie die Sitzung, wenn die Dauer von zwei Stunden erreicht ist

Nehmen Sie sich nun den ersten – also den Arbeitstitel mit den meisten Punkten – vor. Lesen Sie die Überschrift und alle dazugehörigen roten und grünen Papierstreifen. Die Protokollführerin hat hier einen großen Stellenwert. Schreiben Sie so exakt und detailliert wie möglich mit. Das vereinfacht Ihnen die Auswertung und spätere Verschriftlichung enorm.

Tipp:

Beachten Sie innerhalb Ihrer Diskussionen die Diskussionsregeln, die Sie in der zweiten Teamsitzung aufgestellt haben und die gut sichtbar an der Wand hängen!

Wenn Sie feststellen, dass Sie an einem bestimmten Punkt nicht weiterkommen, weil Sie z.B. nicht genügend fachliche Aussagen kennen, dann gibt es verschiedene Wege, das Fachwissen zu erlangen. Diesen Punkt dürfen Sie keinesfalls überspringen! Er ist die Grundlage für jeden weiteren Arbeitsschritt. Die Möglichkeiten sind: das Selbststudium jedes einzelnen Teammitglieds (Fachliteratur, Internet, Fortbildungen, Fachkongresse[5], Fachtagungen), die Nachfrage bei Ihrer Fachberaterin, Hospitationen in anderen Einrichtungen, der Fachaustausch mit Kolleginnen.

Sie sind in dem Prozess der Konzeptionserstellung LERNENDE, nicht Allwissende. Betrachten Sie den Ausgleich fachlicher Defizite nicht als Strafe, sondern als Chance für Neues und als Bereicherung für Sie selbst. Sie werden feststellen, dass es unmöglich ist, in einer Teamsitzung einen ganzen Themenschwerpunkt, also eine weiße Überschrift, vollständig abzuarbeiten. Die Diskussionen dauern eine längere Zeit – sie müssen es sogar, wenn Sie die Qualität Ihrer Einrichtung steigern und eine professionelle Konzeption schreiben möchten, die den eingangs genannten sechs Regeln für eine gute Konzeption entspricht.

© Ilan Amith – Fotolia.com

Fachwissen ist eine wichtige Grundlage Ihrer Konzeption – und eine Bereicherung für Sie selbst.

Hausaufgabe

5 Minuten

Die Hausaufgabe wird an ein bis zwei Teammitglieder – je nach Teamgröße – vergeben. Sie schreiben bis zur nächsten Teamsitzung den Textbaustein des heute besprochenen Themas soweit für die Konzeption auf, wie Sie inhaltlich gekommen sind. Diese Formulierung wird dann beim nächsten Mal besprochen. Es bietet sich an, die Hausaufgabe von der Protokollführerin des Tages anfertigen zu lassen, da sie ihre Mitschriften als eine gute Basis verwenden kann. Wie schon einmal erwähnt – es kommt jede einmal (oder mehrmals) an die Reihe mit diesen Aufgaben. Es kann sein, dass Sie auch immer noch an der Formulierung des Textbausteins zu den Lebenswelten der Kinder „basteln". Das ist in Ordnung – es können durchaus mehrere Hausaufgaben parallel in Arbeit sein. Es handelt sich ja wie gesagt um einen **Prozess**.

Auch die Zeichnung des Lageplans für die Konzeption können Sie an dieser Stelle schon in Auftrag geben – oft wird er nämlich aus den Augen verloren und fehlt dann später.

Checkliste für die fünfte Teamsitzung

Rahmenbedingungen:

- ☐ Raum vorbereiten
- ☐ Auf bequeme Sitzmöbel achten
- ☐ Getränke und Snacks bereitstellen

Materialien:

- ☐ Stifte
- ☐ Lernhefter
- ☐ Flipchart
- ☐ Flipchartpapier
- ☐ Whiteboard
- ☐ Glocke
- ☐ Wecker
- ☐ Eddings
- ☐ Kopien für die Autogrammjagd für jedes Teammitglied
- ☐ Klebepunkte
- ☐ Kopien der Fünf-Schritt-Folge für jedes Teammitglied

Technik:

- ☐ Digitalkamera
- ☐ Videokamera
- ☐ Diktiergerät

Schritt 6:
Die Diskussionsphase

Ziel

Hier geben wir Ihnen allgemeine Hinweise für den gesamten Zeitraum der Diskussionsphase. Diese erleichtern es Ihnen, diese Zeit optimal zu nutzen, gut voranzukommen und Fehler zu vermeiden.
Die Diskussionsphase besteht aus mehreren Teamsitzungen. Ziel ist es, alle Punkte zu diskutieren und schließlich für Ihre Konzeption auszuformulieren.

Rahmenbedingungen

Ab hier werden wir Ihnen keine genauen Zeitangaben mehr machen, weil die Zeiten individuell von ihrer Diskussion abhängen und von Ihren selbst aufgestellten Regeln (also auch Zeiten).
Die Rahmenbedingungen übernehmen Sie aus den bisherigen Teamsitzungen. Nutzen Sie als Anhaltspunkt die Checkliste, S. 16.

Zeitfaktor

Alle Bereiche Ihrer Konzeption auszudiskutieren und diese mit Ihren individuellen, stimmigen und fachlichen Inhalten zu füllen, wird ca. sechs bis zwölf Monate dauern.
In diese Zeitrechnung sind Urlaubs- und Krankheitszeiten mit eingerechnet.

Während der Diskussionsphase im Team ...

Legen Sie die Termine für Ihre Teamsitzungen langfristig fest, und beachten Sie dabei die feststehenden Urlaubszeiten Ihrer Mitarbeiterinnen. Natürlich ist es am besten (und es ist auch das angestrebte Ziel), wenn das gesamte Team an allen Teamsitzungen teilnimmt. Doch nicht immer lässt sich das realisieren. Wenn jemand an einer Sitzung nicht teilnehmen kann, führen Sie diese mit dem Rest des Teams trotzdem durch! Sonst brauchen Sie erheblich länger für Ihre Konzeption. Da Sie jede Sitzung protokollieren, kann die Person, die fehlte, den Inhalt des Treffens anhand des Protokolls gut nachvollziehen und gegebenenfalls Anmerkungen machen oder andere Teammitglieder befragen.
Überschreiten Sie die Dauer von zwei Stunden für Ihre jeweiligen Treffen nicht. Erfahrungsgemäß ist das die Grenze der Konzentrationsfähigkeit und der konstruktiven Diskussionen.

Denken Sie daran, dass Sie Ihre Vor- und Nachbereitungszeit für die Vorbereitung der Teamsitzungen und die Formulierung der Textbausteine nutzen können. Beachten Sie das in Ihrer Dienstplangestaltung, und sorgen Sie für die dafür notwendigen Freiräume.

Fachliche Orientierung

Die fachliche Orientierung nimmt einen großen Stellenwert innerhalb Ihrer Konzeptionsentwicklung ein. Hier ein paar Anregungen zu den verschiedenen Methoden der fachlichen Orientierung:

Selbststudium

In der Literaturliste im Anhang finden Sie ausgesuchte Publikationen zu einzelnen Themenbereichen. Überprüfen Sie, welche Fachliteratur Sie bereits im Haus haben. Fragen Sie bei Ihrem Jugendamt nach, ob dort bestimmte Bücher/Zeitschriften/Gesetzestexte vorrätig sind. Nutzen Sie die vielfältigen Möglichkeiten der Internet-Recherche. Fragen Sie in Bibliotheken nach den gesuchten Publikationen. Sprechen Sie die zuständigen Ministerien an, um kostenlose Informationsmaterialen zu bekommen.

Andere Einrichtungen

Kooperieren Sie mit anderen Einrichtungen und nutzen Sie diese Kontakte, indem Sie z.B.:

- für einen Wissenszuwachs in anderen Einrichtungen hospitieren,
- fragen, ob diese Einrichtungen Fachzeitschriften abonniert haben, die Sie sich ausleihen können,
- Fachpublikationen ausleihen/austauschen,
- Leiterinnentreffen für einen Fachaustausch organisieren,
- einrichtungsübergreifende themenspezifische Arbeitsgemeinschaften durchführen.

Fachberaterinnen

Fachberaterinnen sind ständige Ansprechpartnerinnen auch während Ihrer Konzeptionserstellung. Mit fachlichen Fragen können Sie sich immer an sie wenden. Deren Einladung zu Teamsitzungen haben wir Ihnen schon vorgeschlagen. Sicher kann Ihnen Ihre Fachberaterin auch weiterführende Tipps zu Fachliteratur oder zu Fortbildungsmöglichkeiten geben.

Träger

Auch Ihr Träger wird Ihnen Fach- und Gesetzestexte zur Verfügung stellen können und ist ein wichtiger Ansprechpartner in fachlichen Fragen. Am Anfang empfahlen wir Ihnen, den Träger über Ihr Vorhaben zu informieren und sich eventuelle Vorgaben des Trägers zur Qualitätssicherung oder zu sonstigen Rahmenbedingungen zu besorgen.

Mögliche Stolpersteine

Unseren Erfahrungen nach kommt ein Team immer wieder an Punkte, an denen es nicht weitergeht. Beispiele: Die Diskussionen schweifen aus, es geht mehr um Befindlichkeiten als um Inhalte, die „Luft ist raus“, die Formulierungen wollen nicht gelingen.

Zu Formulierungen finden Sie im Anhang allgemeine Tipps, die Ihnen helfen, auf den Punkt zu kommen.
Die ersten drei Beispiele hängen eng mit der Fähigkeit zusammen, eine Teamsitzung professionell zu moderieren. Die aufgestellten

Regeln für Ihre Diskussionen sind die wichtigste Grundlage. Diese auch tatsächlich umzusetzen, bedarf der permanenten Aufmerksamkeit und Kontrolle durch die Leiterin. Wir haben Ihnen dazu schon einige Ratschläge gegeben, wie z.B. den Einsatz der Glocke zur Begrenzung der Redezeit. Dazu gehört auch, Teammitglieder, die sich nicht an der Diskussion beteiligen, durch direktes Ansprechen aufzufordern, sich zu äußern. Unsachliche Äußerungen oder Beleidigungen werden geahndet – durch den Einsatz der Glocke oder z.B. durch das Zeigen einer „roten Karte" (rote Moderationskarte).

Es gibt vielfältige Moderationsmethoden, auch sehr kreative, die Sie anwenden können, wenn Ihre Diskussion stagniert.
Es ist hilfreich, sich mit Grundlagen der Kommunikation (das gesamte Team) und mit Moderationstechniken (Leiterin) auseinanderzusetzen, bevor Sie sich in die Diskussionsphase begeben.
Auch Ihre Fachberaterin können Sie jederzeit um Hilfe bei den Teamsitzungen bitten. Sie muss natürlich nicht bei jeder Teamsitzung anwesend sein. Doch manchmal kommen von dieser Stelle hilfreiche Impulse oder Hinweise, die Ihnen weiterhelfen.

Ablauf der Teamsitzungen

Innerhalb der Diskussionsphase haben Ihre Teamsitzungen immer eine einheitliche Struktur. Das gewährleistet, dass Sie schnellstmöglich ans Ziel kommen, dabei aber keinen notwendigen Schritt auslassen und die Themen allumfassend bearbeiten.
Die Struktur sieht folgendermaßen aus:

- Das **Warm-up** führen Sie nach Teamvorschlägen durch. Sicher kennen Sie selbst passende kurze Übungen zur Einstimmung. Auch in der Literaturliste (S. 92 ff.) finden Sie entsprechende Hinweise.
- Als Nächstes **werten** Sie die **Hausaufgabe** der letzten Teamsitzung **aus**, d.h., diejenige, die die letzte Sitzung protokolliert und demzufolge den entsprechenden Textbaustein formuliert hat, liest diesen Textbaustein allen Teammitgliedern laut und deutlich vor. Dann diskutieren Sie diese Formulierung, verändern Sie gegebenenfalls gemeinsam und geben Ihrer Kollegin den Text danach noch einmal zur Überarbeitung mit. Dieser Text wird dann korrigiert zur folgenden Teamsitzung wieder vorgelegt. Er spiegelt immer den „Stand der Dinge" wider, ist also so lange unvollständig, wie Sie noch an dem Thema arbeiten. Dieses „stückchenweise" Formulieren ist wesentlich einfacher, als einen Gesamttext zu schreiben, der das ganze Thema umfasst. Dieser Prozess dauert so lange, bis Sie eine Formulierung gefunden haben, der alle im Team zustimmen.
- Sie **diskutieren** jeden Themenbereich der durch Ihr Bepunktungssystem ermittelten Reihenfolge nach. Grundlage der Diskussion ist immer die Fünf-Schritt-Folge (S. 89). Erst wenn ein Thema abgeschlossen ist (das kann sich über viele Teamsitzungen hinziehen) und Sie den endgültigen Textbaustein erarbeitet haben, gehen Sie zum nächsten Themenbereich weiter.
- Die **Protokollierung** ist in dieser Phase sehr entscheidend. Legen Sie in jeder Teamsitzung am Ende fest, wer beim nächsten Mal das Protokoll führt.
- Am Ende jeder Teamsitzung vergeben Sie die **neue Hausaufgabe** an die Protokollführerin, also die Formulierung zum „jetzigen" Stand der Diskussion.
- Es kann auch passieren, dass sich ein Textbaustein in der Praxis nicht bewährt und Sie daran merken, dass Ihre Arbeitsweise nicht der Formulierung entspricht. Dann muss die Konzeption an diesem Punkt erneut überarbeitet werden.

Schritt 7:

Das schriftliche Formulieren und Gestalten

Ziel

Nachdem die Diskussionsphase beendet ist, gilt es nun, die Textbausteine in die richtige Form zu bringen und die Konzeption zu gestalten.
Das ist das Ziel des siebten Schrittes.

Rahmenbedingungen

Sorgen Sie im Vorfeld dafür, dass alle Teammitglieder alle Ihre Textbausteine zur Verfügung haben, um sich sorgfältig auf die Sitzung vorzubereiten.

Vorbereitung der Teamsitzung

4.2. Hygiene

Die intensive Pflege der Milchzahne spielt fur das Wachstum der zweiten Zahne eine große Rolle Bereits im Alter von zwei Jahren beginnen die „Sternchenkinder" mit dem regelmaßigem Zahneputzen Regelmaßig bedeutet fur uns nach jeder Hauptmahlzeit
Die Besuche der Mitarbeiterinnen des Gesundheitsamtes mehrmals pro Kalenderjahr gehoren zum Kindergartenalltag dazu Dabei wird den Kindern stets sehr anschaulich der richtige Umgang mit der Zahnburste erlautert und gemeinsam mit ihnen geubt
Korperpflege vor und nach dem Essen, nach Außenaktivitaten, sowie nach der Toilettenbenutzung etc. ist in unserer Einrichtung fur die Kinder zu einer Selbstverstandlichkeit geworden.

Kinder benötigen am Tag Ruhepausen. Das heißt für uns, dass schlafbedürftige Kinder die Möglichkeit zum Schlafen erhalten, die anderen älteren Kinder nach Absprache mit den Eltern in dieser Zeit Aktivitäten nachgehen können, die den Körper und Geist entspannen.
Darüber hinaus wird von den Erzieherinnen ein breites Angebot an besinnlichen Reizen bereitgestellt. Die Einbeziehung von harmonischer Instrumentalmusik zur Untermalung der künstlerischen Aktivitäten der Kinder soll in Zukunft eine größere Bedeutung beigemessen werden.

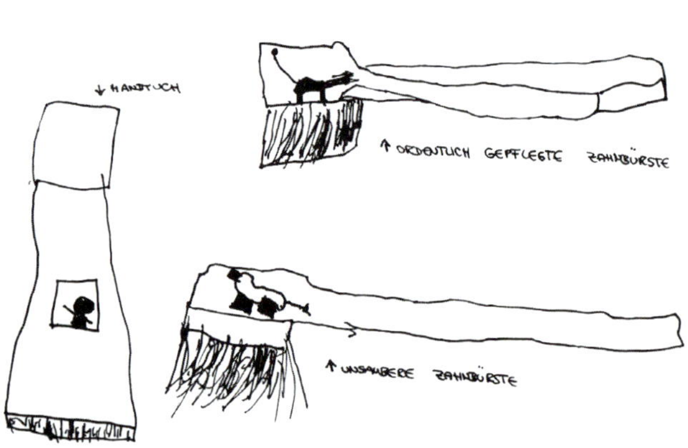

Bis die Textbausteine so ausformuliert sind, ist es ein intensiver Prozess.

Um diese Form der Konzeption gemeinsam in den folgenden Teamsitzungen zu realisieren, ist es notwendig, dass Sie in der Vorbereitung der ersten Teamsitzung nach Ihrer Diskussionsphase alle die Textbausteine sehr genau und gründlich gelesen haben.

Drucken Sie für jedes Teammitglied die Texte aus, die Sie gemeinsam entwickelt haben. Schreiben Sie jeden Themenbereich auf eine extra Seite. Jedes Teammitglied liest diese Texte mindestens eine Woche lang intensiv durch. Wenn Sie Anmerkungen oder Ergänzungen machen möchten oder Änderungswünsche haben, schreiben Sie diese an den Rand der jeweiligen Seite, oder kennzeichnen Sie diese Stellen im Text. Diese individuelle Auseinandersetzung jedes einzelnen Teammitglieds ist sehr wichtig. Nutzen Sie bitte auch tatsächlich den genannten Zeitraum einer Woche aus. Beim mehrmaligen Lesen oder beim Lesen mit dem Abstand von zwei Tagen fallen Ihnen eventuell Dinge auf, die Sie beim einmaligen schnellen Durchlesen nicht bemerkt hätten.
Da es sich hier um das Endprodukt eines langen, intensiven Arbeitsprozesses handelt, ist es ratsam, sich die Zeit zu nehmen.

Inhaltliche Reihenfolge der Texte

Besprechen Sie als Erstes alle Anmerkungen, die Ihre Teammitglieder zu den Texten haben. Alles, was Ihnen in der einen Woche beim Lesen aufgefallen ist, diskutieren Sie gemeinsam aus und verändern es gegebenenfalls.

Die inhaltliche Reihenfolge Ihrer Konzeption haben Sie prinzipiell, als Entwurf, schon einmal festgelegt, als Sie Ihre große Übersicht erstellten.
Nun gleichen Sie die aktuellen Bedingungen mit der damaligen Festlegung ab und überprüfen, ob diese Reihenfolge immer noch sinnvoll ist.

Legen Sie alle einzelnen Seiten der Konzeption auf den Fußboden. Nehmen Sie dafür ein unkorrigiertes Exemplar, also eines, auf dem keine Anmerkungen stehen.

Legen Sie die Themenpunkte nun in die Reihenfolge, die Sie als richtig und schlüssig erachten. Da Sie auf Grund Ihrer Vorbereitung alle die Texte genau kennen, können Sie alle beurteilen, was gut zusammenpasst und welche Reihenfolge Sie am besten finden. Diskutieren Sie alle Vorschläge. Achten Sie auch hier wieder darauf, dass jede ihre Meinung vertritt. Sie können durch diese Methode alle Texte auf dem Fußboden hin- und herschieben. Dadurch haben Sie einen guten Überblick.
Wenn Sie sich auf eine Reihenfolge geeinigt haben, schreiben Sie diese unbedingt auf, damit sie nicht verloren geht. Sie können diese endgültige Reihenfolge auch an Ihrer großen Übersicht verändern. Dann ist sie auch dort manifestiert.

Hinweise zum schriftlichen Formulieren

Sie haben jetzt schon ein gutes Grundgerüst, einen „roten Faden" für Ihre Konzeption geschaffen. Nun geht es an die Feinheiten in den Formulierungen und darum, gute Übergänge zu schaffen, vielleicht an der einen oder anderen Stelle zu kürzen oder zu ergänzen.

Für viele Erzieherinnen ist das Formulieren der Texte für ihre Konzeption schwierig. Sie wissen, was sie inhaltlich sagen möchten, und oft können sie sich mündlich auch gut artikulieren. Doch sobald eine schriftliche Form gefordert ist, fühlen sie sich blockiert.

Wir geben Ihnen hier einige hilfreiche Tipps zum Formulieren, die Sie auch anwenden können, wenn Sie andere Texte schreiben möchten.

Vorbereitung – Ideen sammeln

Erst einmal geht es darum, ungeordnet alles zu sammeln, was Ihnen inhaltlich zu einem bestimmten Thema einfällt. Angenommen, Sie möchten den Textbaustein zum Thema „Öffentlichkeitsarbeit" schreiben. Dann notieren Sie auf einem weißen Blatt Papier (oder am Flipchart) alle Worte oder Wortgruppen, die Ihnen dazu in den Sinn kommen, z.B.: Pressemitteilungen, Transparenz, Informationen, bekannt werden ...

Das ist das klassische **Brainstorming**. Alle, die sich daran beteiligen, rufen die Begriffe laut in den Raum, und eine Person notiert jeden Einfall.

Ein abgewandelter Weg zur Ideenfindung jeglicher Art ist das **Brainwalking**. Wenn Sie in Ihrem Team auf der Suche nach Einfällen zu einem bestimmten Thema sind, empfiehlt sich diese sehr kreative Methode. Sie funktioniert so:

Hängen Sie an vier bis fünf verschiedenen Stellen im Raum ein großes Blatt Papier an die Wand. Die Blätter sollten gut im Raum verteilt hängen, mit größeren Abständen dazwischen. Schreiben Sie oben auf jedes Blatt jeweils eine unterschiedliche Frage, die das Thema betrifft. Es sollten Fragen sein, die das Thema von verschiedenen Seiten beleuchten.

Beispiel: Sie möchten eine Kita-Zeitung herausbringen.

- Erstes Blatt, Frage:
  Wie finanzieren wir die Zeitung?
- Zweites Blatt, Frage:
  Wie könnten wir die Zeitung betiteln (Name)?
- Drittes Blatt, Frage:
  Welche Themen können wir in der Zeitung behandeln?
- Viertes Blatt, Frage:
  Wer ist für die Zeitung verantwortlich?
- Fünftes Blatt, Frage:
  Wie oft soll die Zeitung erscheinen?

Nun bekommen alle Beteiligten einen Stift in die Hand und bewegen sich **schweigend** 20 Minuten im Raum, indem sie nachdenken und immer dann, wenn ihnen etwas zu einer Frage eingefallen ist, zu dem betreffenden Blatt gehen und es dort aufschreiben. Es ist wichtig, in Bewegung zu bleiben und nicht miteinander zu sprechen. Man kann auch innehalten, aus dem Fenster sehen o.Ä.

Die Kombination aus konzentriertem Denken und Bewegung ist von großem Vorteil und bringt sehr kreative Ideen zutage. Gerade in einer größeren Gruppe ist das Brainwalking zu empfehlen.

Auswertung des Brainstormings

Sehen Sie sich all Ihre gesammelten Begriffe an. Welche Dinge passen zusammen? Beginnen Sie, Sätze zu bilden, die zusammengehörige Dinge enthalten, und streichen Sie die verwendeten Wörter von Ihrem Papier. Manchmal fällt Ihnen ein Satz zu einem einzigen Wort ein, manchmal können Sie aus mehreren Wörter einen Sinnzusammenhang schaffen.

Verständlichkeit

Mit Ihrer Konzeption wollen Sie Eltern und Träger von Ihrer Arbeit überzeugen. Aber auch für Sie selbst hat die Konzeption eine Funktion: Sie ist die Grundlage Ihrer täglichen qualitativen Arbeit mit Kindern. Umso wichtiger ist es, dass Sie für den Leser klar und verständlich formuliert ist. Dazu finden Sie im Folgenden einige Tipps:

1. Schreiben Sie kurze, klare Sätze.
Lange, verschachtelte Sätze mit zu vielen Informationen lassen sich schwieriger lesen und können leicht verwirren.

Schlechtes Beispiel	Gutes Beispiel
Zu Eltern, die wir als Partner bei der Betreuung ihres Kindes verstehen und mit denen wir den besten Weg finden wollen, müssen wir ein vertrauensvolles Verhältnis aufbauen.	Eltern verstehen wir als Partner. Wir möchten gemeinsam mit ihnen den besten Weg finden, ihr Kind zu betreuen. Ein vertrauensvolles Verhältnis ist die Basis einer solchen Zusammenarbeit.

2. Verwenden Sie keine Füllwörter, wie: eigentlich, irgendwie, sowieso.

Schlechtes Beispiel	Gutes Beispiel
Wir wollen uns eigentlich von anderen Einrichtungen qualitativ abheben.	Wir wollen uns von anderen Einrichtungen qualitativ abheben.

3. Vermeiden Sie zu viele Substantivierungen. Benutzen Sie Verben.

Schlechtes Beispiel	Gutes Beispiel
Wir planen die regelmäßige Organisation und die Durchführung von Elternabenden, wobei Information, Beratung und Austausch unser Anspruch sind.	Wir werden regelmäßig Elternabende durchführen. Dabei möchten wir die Eltern informieren, sie beraten und uns mit ihnen austauschen.

4. Streichen Sie die Worte „sollen" und „müssen" aus Ihrer Konzeption.
Sie klingen zu sehr nach Verpflichtung und zu wenig nach Wille.

Schlechtes Beispiel	Gutes Beispiel
Wir müssen den gesetzlichen Anforderungen gerecht werden.	Wir werden den gesetzlichen Anforderungen gerecht.
Die Eltern sollten ihre Kinder zwischen 7 und 9 Uhr in unsere Einrichtung bringen.	Die Eltern bringen ihre Kinder zwischen 7 und 9 Uhr in unsere Einrichtung.

5. Schreiben Sie die Konzeption in den Zeitformen Präsens und Futur, nicht im Präteritum oder Perfekt – also keine Vergangenheitsformen.
Alle Dinge, die Ihr bisheriges Vorgehen beschreiben, formulieren Sie im Präsens, alles Zukünftige im Futur.

Schlechtes Beispiel	Gutes Beispiel
Wir haben bisher das Frühstück mit den Kindern jeden Morgen um 9 Uhr durchgeführt.	Wir frühstücken jeden Morgen um 9 Uhr mit den Kindern.

6. Reden Sie immer von „wir". Schreiben sie nicht in der unpersönlichen Form „man".

Schlechtes Beispiel	Gutes Beispiel
Man beschäftigt sich natürlich mit den Grundbedürfnissen von Kindern.	Wir beschäftigen uns mit den Grundbedürfnissen von Kindern.

7. Vermeiden Sie passive Konstruktionen.

Schlechtes Beispiel	Gutes Beispiel
Das Mittagessen wird von den Ganztagskindern zwischen 13 Uhr und 13.30 Uhr eingenommen.	Die Ganztagskinder essen zwischen 13 Uhr und 13.30 Uhr zu Mittag.

8. Erklären Sie Fachbegriffe oder Begriffe, die mehrdeutig sein können.
Definieren Sie Worte wie „Portfolio" oder „Erziehungskooperation" in jedem Falle.

Lebendigkeit

Lebendigkeit in einem Text erreichen Sie z.B. durch den Einsatz von Zitaten oder Redewendungen. Das können in Ihrer Konzeption Aussprüche von berühmten Persönlichkeiten zu einem bestimmten Thema sein – aber auch von Mitarbeiterinnen, Kindern oder Eltern. Setzen Sie diese Zitate an der passenden Stelle ein. Oft bieten Sie sich an, um Einstellungen oder Fakten zu unterstreichen und zu beleben.

Beispiele für Zitate, die Sie an gewünschter Stelle einsetzen könnten:

„In der Kita ist es genauso schön wie zu Hause.“ (Tom, 4 Jahre, 14.06.2008)

„Der letzte Elternabend hat mir so gut gefallen – ich denke oft an unsere Gespräche.“ (Frau Schmidt, 27.03.2008)

„Drei Dinge sind uns aus dem Paradies geblieben: die Sterne der Nacht, die Blumen des Tages und die Augen der Kinder.“ (Dante Alighieri, ital. Dichter) (Thema: Bild vom Kind)

„Ich konnte schon früh zeichnen wie Raphael, aber ich habe ein Leben lang dazu gebraucht, wieder zeichnen zu lernen wie ein Kind.“ (Pablo Picasso) (Thema: Kreatives Arbeiten, Bild vom Kind)

Beispiele für Redewendungen:

„Jedes Team ist eine Gruppe, aber nicht jede Gruppe ist ein Team.“ (Thema: Teamarbeit)

„Tu' Gutes und rede darüber.“ (Thema: Öffentlichkeitsarbeit)

„Spielen ist lernen in eigener Regie.“ (Thema: Bedeutung von Spielen)

Die richtigen Worte finden

Ein häufiges Phänomen in Konzeptionen ist, dass sich viele Wörter oft wiederholen. Wenn Sie merken, dass Sie ein bestimmtes Wort häufig gebrauchen, ist es ratsam, dieses durch ein anderes Wort mit der gleichen Bedeutung zu ersetzen. Ein Beispiel: Im Konzeptionsschwerpunkt „Kooperation mit Eltern“ möchten Sie Ihre Arbeitsweise darlegen. Dabei taucht das Wort „unterstützen“ zwangsläufig wiederholt auf. Nun gilt es, dafür andere Begriffe, die dasselbe aussagen, zu finden. Hilfe bietet ein Synonymwörterbuch oder das „Thesaurus-Programm“ unter Windows. Am Beispiel „unterstützen“ finden Sie ersatzweise die Worte: „helfen“, „Mithilfe“, „Beitrag“, „kooperieren“.

Auswertung der Schatzkiste

Jetzt ist es an der Zeit, zu den Texten auch Fotos, Bilder, Zitate, Sprüche der Kinder etc. hinzuzufügen. Öffnen Sie Ihre Schatzkiste und sichten Sie gemeinsam all das Material, das Ihnen dadurch zur Verfügung steht. Was möchten Sie gern in die Konzeption einfließen lassen? Was brauchen Sie? Was gefällt Ihnen? Auch hier gilt: Entscheiden Sie sich für einige – nicht für alle – Bilder, Sprüche etc. Platzieren Sie diese an passender Stelle, um die Inhalte Ihrer Konzeption zu unterstreichen und lebendig zu machen. Setzen Sie auf keinen Fall wahllos Bilder ein, die Sie einfach „süß“ finden, „lustig“ oder dergleichen. Die Bilder, Fotos etc. stehen in einem inhaltlichen Bezug zum Text.

Layout-Diskussion

Zum jetzigen Zeitpunkt haben Sie also all Ihre Texte und all Ihre Bilder zusammen. Nun werden diese Bestandteile der Konzeption zu einem Dokument zusammengefügt. Dieses Dokument soll natürlich auch gut aussehen, schließlich ist der optische Eindruck der erste, den ich bekomme. Und er sagt auch etwas über Professionalität aus. Sie entscheiden sich nun für das Schriftbild und die Zusammenstellung von Texten und Bildern. Da diese Entscheidungen wichtig, aber ohne Vorkenntnisse schwierig zu treffen sind, geben wir Ihnen im nächsten Kapitel grundlegende Hinweise zur grafischen Gestaltung Ihres Konzeptes. Bitte beherzigen Sie diese Ratschläge, denn das Ziel ist: guter Inhalt, gute Form!

Entscheiden Sie sich gemeinsam für die Schriftart und die grafische Struktur Ihrer Konzeption – mit Hilfe der nachfolgenden Anregungen.

Anregungen zur grafischen Gestaltung Ihrer Konzeption

Bei der verschriftlichten Form einer Konzeption handelt es sich um eine Dokumentation. Diese nehmen einen großen Teil Ihrer Arbeit ein – nicht zuletzt, weil die Transparenz Ihrer pädagogischen Arbeit auch von gesetzlicher Seite gefordert wird.
Für die grafische Gestaltung all dieser Dokumentationen gelten dieselben Grundlagen, die wir Ihnen hier kurz zusammenfassen.
Oft sehen wir innerhalb unserer Arbeit als Dozentinnen inhaltlich gute Ausarbeitungen, die jedoch schlecht gestaltet sind.
Schlecht heißt in diesem Falle, dass ich mich nicht gut orientieren kann und Schwierigkeiten habe, mich auf den Inhalt zu konzentrieren. Das passiert immer dann, wenn die gestaltete Seite farblich und typologisch (durch Text und Symbole) „überladen“ ist.
Dann ist die Leserin irritiert. Wer innerhalb der Gestaltung zu viel betont, betont am Ende gar nichts mehr!

In der folgenden Definition von Dokumentationen fallen die wichtigsten beiden Worte, die uns den Weg für eine gute grafische Gestaltung weisen:

> ***Dokumentation***
> *die, geordnete Zusammenstellung und Nutzbarmachung von Dokumenten und Materialien (z.B. Akten, Zeitschriftenaufsätze); Fachinformation.*
>
> *(c) Bibliographisches Institut & F. A. Brockhaus AG, 2005*

Das erste wichtige Wort ist **„geordnet“**. Diese Ordnung und Struktur gilt nicht nur für den **Inhalt**, sondern auch für die **Form** einer Dokumentation.
Das zweite wichtige Wort ist **„Nutzbarmachung“**. Es bedeutet, dass ich die Informationen in der Dokumentation jederzeit schnell **wiederfinde**.

Diesen beiden Anforderungen, also der Ordnung und dem schnellen Wiederfinden, möchte ich in einer guten Dokumentation gerecht werden. Das erreiche ich durch eine entsprechende grafische Gestaltung.

Anhand dieser Herleitung können Sie erkennen, dass es bei der grafischen Gestaltung nicht um Geschmacksfragen geht, sondern um die grundsätzlichen Wirkungen von Farben und Formen und deren richtigen Einsatz. Die einfachsten Dinge, die zu beachten sind und die Sie als allgemeingültig betrachten können, sind:

- Wählen Sie **eine Schriftart** für das gesamte Dokument.
- Benutzen Sie auf einer Seite **maximal vier Schriftgrößen**.
- Entscheiden Sie sich für eine bestimmte **Struktur**, die sich durch das gesamte Dokument zieht. Alle Überschriften, alle Zitate, alle Definitionen etc. werden in einer **einheitlichen Form** gestaltet. Beispielsweise sind alle Überschriften in 14pt. und fett, alle Zitate sind kursiv, alle Definitionen bekommen einen Rahmen, alle Bildunterschriften sind in 10 pt. Wichtig ist, dass Sie diese Gestaltung bis zum Ende des Dokumentes durchhalten. Dann kann ich mich sofort, mit einem Blick auf die Seite, gut orientieren. („Aha, hier ist wieder ein Zitat ...")

- Seien Sie **sparsam** mit dem Einsatz von **Farben**. Nutzen Sie die Farben zur Betonung, aber überlegt und dezent, als Akzente. Innerhalb des Textes ist es wichtig, den Farbeinsatz **einheitlich** festzulegen (z.B.: Alle Überschriften sind grün).
- **Text** ist zum Lesen da und kein primäres Gestaltungsmittel. Damit ich ihn gut lesen kann, schreiben Sie ihn bitte immer **gerade**, nicht schräg oder z.B. mit Hilfe von WordArt. Einzige (seltene) Ausnahme: Schrift kann schräg gestellt oder „verformt" sein, wenn es einen bestimmten Grund dafür gibt, also einen inhaltlichen Bezug. Z.B. kann das Wort „Wasserspiele" in Wellenform geschrieben sein. Jedoch ist auch in diesem Fall immer zu beachten, dass ich das Wort an sich schlechter lesen kann! Es empfiehlt sich immer, die Schrift lesefreundlich zu gestalten und die grafische „Lebendigkeit" lieber Farben, Bildern und Symbolen zu überlassen.
- **Fotos** sind eigenständige Gestaltungselemente. Sie werden **nicht beschnitten**! Wählen Sie einen Ausschnitt und vergrößern Sie diesen, aber Hände weg von der Schere!
- Ordnen Sie **Bilder** immer **links**, **Text** immer **rechts** auf der Seite an. So ist es für das Gehirn leichter zu verarbeiten.
- Lassen Sie auf jeder Seite des Dokumentes einen **einheitlichen weißen Rahmen** bestehen. In Schreibprogrammen ist dieser Rahmen oft schon festgelegt. Lassen Sie ihn unbedingt unbeschrieben und auch unbeklebt. Das gilt für jede Seite.

Denken Sie daran, wie es ist, wenn Sie die Zeitung, eine Zeitschrift oder ein Buch lesen. Darin können Sie sich deshalb so gut orientieren, weil es eine einheitliche, übersichtliche Gestaltung gibt. Verfallen Sie nicht dem Irrglauben, diese Empfehlungen führen zu einer „langweiligen" Gestaltung. Sie führen zu einer professionellen.

Viel Spaß beim guten Gestalten!

Schritt 8: Entwicklung von Qualitätsstandards

Von der Konzeption zur Praxis

Ihre Konzeption ist nun fertig und liegt – schön gestaltet – vor Ihnen. Herzlichen Glückwunsch! Sicher ist das ein gutes Gefühl. Schließlich handelt es sich um das Ergebnis eines langen Arbeits-, Lern- und Denkprozesses. Sie sind einen wichtigen, großen Schritt hinsichtlich Identität, Handlungsgrundlagen für Ihre Arbeit und Professionalität gegangen.
Die Auseinandersetzung mit der Konzeption ist damit jedoch nicht zu Ende. Es gilt, die in der Konzeption festgehaltenen Aussagen permanent in der Praxis zu überprüfen. Leben Sie tatsächlich das, was Sie sich vorgenommen haben? Sind alle Punkte der Konzeption praxistauglich? Werden Sie Ihren eigenen Ansprüchen gerecht? Haben sich äußere Rahmenbedingungen (Bildungspläne, gesetzliche Grundlagen, Forschungsergebnisse, Trägerwechsel, Wünsche von Eltern, neue Mitarbeiterinnen etc.) geändert, sodass Sie darauf eingehen und dies in Ihrer Konzeption verändern müssen? Das Leben bringt einige unvorhersehbare Dinge mit sich, und genauso gilt es, die Konzeption diesen neuen Situationen anzupassen und sie gegebenenfalls zu überarbeiten.
Damit Ihnen die stetige Überprüfung Ihrer Konzeption leichter gelingt, machen wir Ihnen in diesem Kapitel methodische Vorschläge zur Evaluierung.

Beginnen Sie sechs bis acht Wochen nach der Fertigstellung Ihrer Konzeption mit einer ersten, hinführenden Teamsitzung. Ihr folgen in regelmäßigen Abständen, die Sie selbst festlegen, weitere Sitzungen zur Evaluierung. Die Rahmenbedingungen für diese Teamsitzungen entnehmen Sie den bisherigen. Orientieren Sie sich an den Ihnen bekannten Checklisten. Kopieren Sie als Leiterin in der Vorbereitung den Musterfragebogen (S. 91) für jedes Teammitglied.

Auch für die Evaluierungs-Sitzungen empfehlen wir Ihnen ein Warm-up als Einstieg. Protokollieren Sie wie gehabt jede Zusammenkunft. Das erleichtert Ihnen sowohl die Auswertung als auch den späteren Zugriff auf Diskussionsinhalte und getroffene Absprachen.

Die erste Teamsitzung beginnt mit einer Gesprächsrunde. Erörtern Sie im Team folgende Fragen:

- Wie geht es jedem einzelnen Teammitglied mit den Aussagen der Konzeption?
- Welche Probleme oder Hindernisse fallen Ihnen auf?
- Was setzen Sie im Alltag schon so gut um, dass Sie die Zeitform des Futurs in der Konzeption so ändern können, dass die Aussagen im Präsens formuliert werden?

Beispiel:
In der Konzeption steht: „Wir werden professionelle Öffentlichkeitsarbeit betreiben.“ Sollten Sie übereinkommen, dass Sie diesem Anspruch bereits gerecht werden, ändern Sie den Satz in der Konzeption wie folgt: „Wir betreiben professionelle Öffentlichkeitsarbeit.“

Dabei entstehen sicher schon Fragen und Stoff für Diskussionen. Geben Sie als Leiterin einen kurzen theoretischen Überblick darüber, warum die Evaluierung der Konzeption einen so großen Stellenwert hat. Er erklärt sich an dieser Stelle ja fast von selbst, da Sie auftretende Probleme eben in der Gesprächsrunde zusammengetragen haben.

Stimmen Sie gemeinsam darüber ab, in welchen Abständen und in welchem Zeitrahmen Sie sich treffen. Wir empfehlen Ihnen, nicht mehr als acht Wochen zeitlichen Abstand zwischen Ihren Sitzungen zu lassen. Zwei Stunden sind ein guter Zeitrahmen. Diskutieren Sie Ihre eigenen Haltungen dazu und legen Sie diese zeitlichen Absprachen fest.

Nun schreiben Sie alle Kapitelüberschriften Ihrer Konzeption untereinander gut sichtbar für alle an ein Flipchart oder auf ein Whiteboard. Diese Themen stehen hinsichtlich der Praxisüberprüfung zur Disposition. Um zu entscheiden, welches Thema am dringendsten besprochen werden sollte, gehen Sie wieder nach dem Bepunktungs-Prinzip (S. 54) vor. Beachten Sie die veränderte Bepunktungs-Methode bei kleineren Teams. So finden Sie schnell heraus, welches Thema allen Teammitgliedern am wichtigsten für eine Diskussion ist. Mit diesem Thema beginnen Sie nun. Um es umfassend und strukturiert zu bearbeiten und zu überprüfen, stellen Sie sich konkrete Fragen. Hierfür haben wir einen Musterfragebogen entwickelt. Sie können ihn entweder übernehmen, oder sie gestalten einen eigenen. Dafür ist es notwendig, dass sich alle Teammitglieder den Fragebogen genau ansehen und sagen, ob sie ihn als Evaluations-Grundlage für gut erachten. Außerdem ist es von großer Bedeutung, dass jede versteht, was mit den einzelnen Fragen des Musterfragebogens inhaltlich gemeint ist. Da Ihre Konzeption individuell und einmalig ist, seien Sie bitte nicht zu vorschnell bei der Übernahme des von uns erstellten Musterfragebogens. Es kann durchaus sein, dass Sie andere oder weitere Fragen bearbeiten möchten, um die Qualität Ihrer Arbeit zu überprüfen.

Bei der Frage, was Qualität in der Kinderbetreuung bedeutet, helfen Ihnen auch Qualitätsmessinstrumente, an denen Sie sich orientieren können. Dazu gehören z.B. ISO 2000, der Nationale Kriterienkatalog oder das Kieler Instrumentarium K.I.E.L. (siehe Literaturliste, S. 92 ff.).

Der letztlich erarbeitete Musterfragebogen bildet Ihre individuelle Grundlage zur Evaluierung Ihrer Konzeption. Geben Sie jedem Teammitglied eine Kopie des Fragebogens mit. Dieser sollte im Arbeitsalltag jederzeit griffbereit ausliegen, damit jede ihn innerhalb der praktischen Arbeit ausfüllen kann. Das ist die Hausaufgabe zur nächsten Teamsitzung. Treffen Sie sich 14 Tage später und werten Sie die ausgefüllten Fragebögen aus.

Eine Anleitung in acht Schritten

Evaluationsbogen

Datum: 12.09.08

Welche konkreten Aufgaben haben wir uns laut Konzeption gestellt?	Was haben wir davon in der Praxis umgesetzt?	Wie haben wir diese Aufgaben umgesetzt? (Absprachen, wie oft, wann)	Wer hat diese Aufgaben erfüllt? (Mit wem zusammen?)	Welche Aufgaben wurden nicht umgesetzt?	Warum wurden diese Aufgaben nicht umgesetzt?	Wie zufrieden sind wir mit der bisherigen Umsetzung?
SCHAFFUNG EINER KINDER-BIBLIOTHEK	• LEERRÄUMEN DES LAGERRAUMS • STREICHEN DES RAUMES IN HELLEN GELBTÖNEN • AUFBAU VON HOLZREGALEN • ANBAU VON LEISTEN ZUR PRÄSENTATION BESONDERER BÜCHER • KAUF UND ANBAU VON LAMPEN • BAU VON BUCHROLLWAGEN UND VERLEIHKÖRBEN • KUSCHELECKE SCHAFFEN	• AUF TEAMSITZUNG FAHRPLAN ERSTELLT UND TEILAUFGABEN VERTEILT MIT ERLEDIGUNGSDATUM • NACH ZWEI WOCHEN BESTANDSAUFNAHME UND WEITERE TEILAUFGABEN VERGEBEN • EINBEZIEHUNG DER ELTERN BESPROCHEN (TEAMSITZUNG FINDET ALLE 14 TAGE VON 12.30–14.00 STATT)	• GEMACHT WORDEN AN EINEM FREITAGNACHMITTAG VON 2 VÄTERN • DAS ÖRTLICHE ELEKTROGESCHÄFT SPONSORTE 2 LAMPEN • DER HAUSMEISTER HAT DIE REGALE AUFGEBAUT • ALLE ERZIEHERINNEN HABEN DIE BÜCHER NACH ALTER UND THEMA EINSORTIERT • PRAKTIKANTIN HAT DAS TÜRSCHILD GESTALTET • KINDER ZEICHNETEN BILDER	• KATALOGISIEREN DES BUCHBESTANDES → • FESTLEGEN EINES AUSLEIHPRINZIPS FÜR DIE EINZELNEN GRUPPEN →	ZU GROßER ZEITAUFWAND, UNKENNTNIS, OB MAN NACH DEM ALPHABET ORDNET ODER ALS SACHREGISTER WIR HABEN NOCH KEINE IDEALE LÖSUNG GEFUNDEN, DAMIT AUCH 3- BIS 4-JÄHRIGE DAS PRINZIP VERSTEHEN UND SELBSTSTÄNDIG BÜCHER AUSLEIHEN KÖNNEN	DIE RAUMGESTALTUNG IST UNS GUT GELUNGEN. ES IST EIN HELLER RAUM ENTSTANDEN, IN DEM SICH 8 KINDER GLEICHZEITIG AUFHALTEN KÖNNEN. ENDLICH SIND DIE BÜCHER AN EINEM ORT UND MAN MUSS SIE NICHT IMMER SUCHEN. WIR BRAUCHEN ABER UNBEDINGT NOCH EINE ÜBERSICHT, ZU WELCHEN THEMEN WIR BÜCHER HABEN

89

Anhang

Die folgende Teamsitzung beginnt inhaltlich mit der Auswertung der ausgefüllten Fragebögen. Gehen Sie wie folgt vor:
Nummerieren Sie die Fragen des Fragebogens und schreiben Sie die Zahlen jeweils auf ein Flipchart-Blatt. Bei sieben Fragen haben Sie also sieben Blätter.
Auf jedem Blatt notieren Sie nun die jeweiligen Antworten aller Teammitglieder, sodass am Ende jede sehen kann, wie die einzelnen Fragen beantwortet wurden. Hängen Sie die Blätter für alle sichtbar an die Wand.
Jetzt nehmen Sie sich ein neues leeres Flipchart-Blatt und schreiben die Zahlen von eins bis sieben (oder die jeweilige Anzahl Ihrer Fragen) links untereinander.
Diskutieren Sie im Team, wie sie die Beantwortung jeder Frage hinsichtlich Ihres Qualitätsanspruches beurteilen. Bewerten Sie sich selbst realistisch mit Zensuren von 1 bis 6 (wie in der Schule). Schreiben Sie diese Note rechts neben die Fragen-Nummer.

Beispiel:
Frage 1: Note 2
Frage 2: Note 3

Diskutieren Sie im Anschluss, wie Sie Ihre jeweiligen Noten verbessern können und ob dies sofort geschehen kann oder in kleinen Schritten. Legen Sie fest, welche Zensur Sie gern erreichen möchten. Kleinere Ziele lassen sich leichter erreichen und bescheren Ihnen Teilerfolge, also springen Sie nicht gleich von einer vier auf eine eins. Das könnte frustrierend werden.

Erörtern Sie nun, durch welche konkreten Schritte Sie Ihre Zensur verbessern können. Fragen Sie sich:

- Habe ich das nötige Fachwissen, oder muss ich mich fachlich orientieren? (Literaturrecherche, Fachberatung, Fortbildung, Fachaustausch mit anderen Einrichtungen, externe Helfer etc.)
- Wie erreichen wir eine bessere Note? Welche konkreten Aufgaben erledigen wir dafür?
- Wer erledigt die Aufgabe(n)?
- Bis wann werden die Aufgaben erledigt?

Nach Ablauf der festgelegten Frist wird überprüft, ob die gestellten Aufgaben erfüllt wurden oder was noch zur zufriedenstellenden Erfüllung notwendig ist.

Legen Sie den Zeitpunkt der folgenden Teamsitzung fest, und überprüfen Sie jeden weiteren Themenbereich Ihrer Konzeption nach der beschriebenen Methode.

Damit Sie die Qualität Ihrer Arbeit stetig halten, brauchen Sie verlässliche Qualitätsstandards. Das bedingt verbindliche Absprachen im Team. Wenn Sie zum Beispiel monatlich eine Kita-Zeitung erstellen, wären solche verlässliche Absprachen: Bis zum 14. eines Monats ist das Papier beschafft, bis zum 16. der Inhalt fertig, am 17. wird sie gedruckt. Solche klaren Absprachen erleichtern die Arbeit organisatorisch und qualitativ.

Auch wenn Sie die Qualität Ihrer Arbeit regelmäßig mit den hier beschriebenen Methoden überprüfen, gibt es doch einen Unterschied zwischen der Selbst- und der Fremdwahrnehmung Ihrer Arbeit. Das ist ganz normal. Für eine realistische Einschätzung empfehlen wir Ihnen deshalb, zusätzlich zu Ihrer eigenen Evaluierung in regelmäßigen Abständen (z.B. vierteljährlich oder halbjährlich) eine externe Person hinzuzuziehen. Das kann z.B. die Fachberaterin oder eine Dozentin sein. Dieser Blick von außen öffnet Ihnen die Augen für Schwachstellen, Lücken, Fehler oder aber auch für positive Dinge, die Ihnen vielleicht nicht bewusst sind.

Eine perfekte und professionelle Ergänzung zu Ihrer Konzeption wäre das Erstellen eines individuellen Qualitätshandbuches für Ihre Einrichtung, in dem all diese Absprachen manifestiert sind. Dieses Handbuch ist neben Ihrer Konzeption eine wichtige Handlungsgrundlage und Hilfe zur Einhaltung eigner Qualitätsansprüche. Die Erarbeitung individueller Qualitätsstandards kann über Jahre gehen und jederzeit aktualisiert oder erweitert werden.
Sie sehen, die Auseinandersetzung mit Ihrer Konzeption und die damit verbundene Evaluierung Ihrer Arbeit sind immer im Fluss.

Schlussbetrachtung und Ausblick

Wir haben verschiedene Teams auf dem Weg ihrer Konzeptionserarbeitung begleitet. Unsere Erfahrungen dabei zeigen, dass die hier beschriebene Methode zu einer individuellen und allumfassenden Konzeption für ein Team führt. Mit einer solchen Konzeption können sich alle Teammitglieder identifizieren, und sie ist eine wichtige Arbeitsgrundlage für alle Bereiche.
Aufgefallen ist uns, dass es wichtig war, in regelmäßigen Abständen ein Team zu besuchen und mit dem Blick von außen Impulse zu geben. Das war oftmals auch ein neuer Motivationsschub, wenn sich Diskussionen verhärtet hatten oder stagnierten.
Die Begleitung von Teams bei der Konzeptionserstellung bieten wir jederzeit an.

Beim Schreiben dieses Buches haben wir immer wieder unsere praktischen Erfahrungen mit den theoretischen Aussagen dieses Buches abgeglichen. Wir überprüften permanent, ob jeder einzelne Schritt tatsächlich so umsetzbar ist. Gegebenenfalls veränderten wir Inhalte oder Reihenfolgen, sodass wir mit Überzeugung sagen können: Die beschriebene Methode führt garantiert zum Erfolg, wenn Sie sich an den aufgestellten „Fahrplan" halten.
Während der Diskussionsphase innerhalb der Konzeptionserarbeitung werden unter anderem alle pädagogischen Bereiche ausführlich besprochen. Wir konnten vielfach Zeugen dieser Auseinandersetzungen und der damit verbundenen Ergebnisse werden. Was wir wiederholt registrieren, ist, dass es in Teams ein theoretisches Wissen gibt, das nicht konsequent in der pädagogischen Arbeit umgesetzt wird – selbst wenn sich die Teammitglieder dieses Wissen für die Konzeptionsschreibung mit Fleiß und Engagement angeeignet haben. Auch hier haben wir den Eindruck, dass es an konkreten praktischen Handlungsvorschlägen mangelt. Wir haben vor, Leitfäden zu einzelnen pädagogischen Bereichen auszuarbeiten, die eine praktische Umsetzung im Alltag ermöglichen.

Wir wünschen Ihnen viel Erfolg für Ihre individuelle Konzeptionserstellung und hoffen, dass wir Sie auf einen guten Weg gebracht haben! Für Ihre Arbeit und Ihr Team.

© Ilan Amith – Fotolia.com

Anhang

Rezepte für gelungene Teamsitzungen

Am Ende dieses Buches geben wir Ihnen ein paar Tipps für ganz schnell gemachte Leckereien, mit denen Sie sich Ihre Teamsitzungen versüßen können.
Es denkt sich doch viel besser, wenn man ein bisschen „Nervennahrung" hat. Schließlich finden Ihre Treffen in der Regel nach Ihrem Feierabend statt. Da haben Sie sicher auch ein bisschen Hunger oder Appetit.
Jeder unserer Vorschläge dauert in der Vorbereitung nicht länger als fünf Minuten, ist erprobt und für sehr lecker befunden.

Herzhaftes

Tomaten-Schafskäse-Creme

Zutaten:
200 g Schafskäse
½ Tube Tomatenmark
2 Knoblauchzehen
5 EL Olivenöl

Alle Zutaten in ein hohes Gefäß geben und mit einem Mixstab pürieren, bis eine Paste entsteht. Fertig!

Dazu passen Brot, Kräcker, Oliven.

Tunfischpaste

Zutaten:
1 Büchse Tunfisch in Öl
1 Büchse Tunfisch in eigenem Saft
1 Packung Frischkäse natur (300 g)
1 Zwiebel
Pfeffer
Salz

Alle Zutaten in einer Schüssel mit einer Gabel verrühren, bis eine gleichmäßige Creme entsteht.
Fertig!
Dazu Brot reichen.

Fingerfood

Zutaten:
Mohrrüben
Paprika
Kohlrabi
Mehrkornbrötchen
Gurke
frische Kräuter
200 g Jogurt
Milch
200 g Quark
Salz

Gemüse waschen, Brötchen und Gemüse in fingerdicke Streifen teilen, Kräuter hacken, Jogurt, Milch und Quark vermengen und mit Kräutern und etwas Salz abschmecken.

Süßes

Mandarinen-Quark

Zutaten: *250g Magerquark*
200g Sahne-Vanillepudding
1 Dose Mandarinen

Quark und Vanillepudding mit dem Mandarinen-Saft glatt rühren, dann die Mandarinen unterheben. Schmeckt auch mit anderen Früchten.

Bananencreme

Zutaten: *4 reife Bananen*
150 ml Sahne
Zitronensaft von ½ Zitrone
Zucker

Die Bananen zerdrücken und mit der Sahne verrühren, Zitronensaft und Zucker dazu. Fertig!

Flüssiges

Beeren-Milch-Mix

Zutaten (für 4 Personen): *300g Himbeeren oder Erdbeeren*
(im Winter tief gefroren)
500 ml Buttermilch
1 EL Traubenzucker

Beeren waschen, mit Hälfte der Milch pürieren, restliche Milch und Traubenzucker zufügen und schaumig aufmixen

Fitness-Drink

Zutaten (für 4 Personen):

1 große Orange
1 Banane
500 g Jogurt
4 EL Traubenzucker
Kiwi

Orange halbieren und auspressen, Saft in Mixer geben, Banane schälen, in kleine Stücke schneiden, zum Saft geben und pürieren, Jogurt und Traubenzucker unterrühren und alles noch mal kurz mixen. Kiwi schälen, in Scheiben teilen und garnieren.

Virgin Caipirinha

© Torsten Schon – Fotolia.com

Zutaten (pro Person):

2 Limetten
3–4 TL *Rohrzucker*
Eis
Ginger Ale

2 Limetten vierteln und in ein großes Glas geben. 3–4 TL Rohrzucker dazu und beides mit einem Mörser zerstoßen. Das Glas mit zerstoßenem Eis bis zum Rand auffüllen und zum Schluss Ginger Ale bis zum Rand auffüllen.

Sun Bitter

Zutaten (pro Person):

4 cl *Bardinet Bitter*
Eiswürfel
Orangensaft oder
Mineralwasser

4 cl Bardinet Bitter in ein großes Glas geben und dazu 3–4 Eiswürfel einfüllen. Anschließend mit Orangensaft oder Mineralwasser auffüllen.

Die beiden alkoholfreien Varianten von Campari/Orange und Caipirinha schmecken wirklich sehr gut! Sie brauchen hierzu allerdings unbedingt Eiswürfel. Es empfiehlt sich, das zerstoßene Eis entweder vorzubereiten, zu kaufen (z.B. an der Tankstelle) oder sich liefern zu lassen. Dieser Aufwand lohnt sich! Wenn Sie zerstoßenes Eis selbst machen wollen, brauchen Sie entweder einen Icecrusher, oder aber Sie machen Folgendes: Legen Sie Eiswürfel in ein Geschirrtuch, binden Sie es zusammen und hauen Sie mit einer Pfanne darauf, bis die Würfel in kleine Teilchen zerbrechen.

Prost und guten Appetit!

Grundregeln zur Konzeptionserstellung

Regel Nr. 1:

Eine gute Konzeption
ist individuell und einmalig.

Regel Nr. 2:

An der Konzeption
arbeitet das gesamte Team.

Regel Nr. 3:

Die Erstellung einer
Konzeption ist ein Prozess.

Regel Nr. 4:

Die Erstellung einer
Konzeption benötigt Zeit.

Regel Nr. 5:

Die einzelnen Schritte erfordern
eine bestimmte Reihenfolge.

Regel Nr. 6:

Fachliches Wissen bildet
die Grundlage einer Konzeption.

Wie funktioniert Selbstbildung?

Der Mensch behält

10 % von dem, was er liest, 

20 % von dem, was er hört, 

30 % von dem, was er sieht, 

70 % von dem, was er hört und sieht,  

90 % von dem, was er selbst tut. 

Daraus folgt:

1. Je mehr Sinne man beim Lernen anspricht, desto mehr behält man.

2. Am besten lernt man durch eigenes Handeln.

Zitate zum Thema Konzept und Konzeption

Verändern wir etwas?
Oder machen wir ein Konzept?

Die Japaner planen zehn Jahre voraus,
die Amerikaner aber nur zehn Minuten.

Akio Morita

Ein gutes Konzept kann einen
schnell aus demselben bringen.

Wer das Konzept der Unendlichkeit
verstehen will, muss nur das Ausmaß
menschlicher Dummheit betrachten.

Voltaire

Man sollte Fehler immer offen zugeben.
Es bringt die Autorität aus dem
Konzept und erlaubt einem,
mehr zu begehen.

Mark Twain

Manche Menschen kommen in ein
dunkles Zimmer und beginnen,
emsig zu arbeiten.
Sie ergründen die Ursachen
der Dunkelheit, finden Schuldige
und erstellen ein mittelfristiges Konzept zur schrittweisen Reduzierung
der Finsternis.
Und dann kommt einer
und macht einfach das Licht an.

Peter Hohl

Die sechs Phasen der Planung:
1. Begeisterung
2. Verwirrung
3. Ernüchterung
4. Suche nach dem Schuldigen
5. Bestrafung der Unschuldigen
6. Auszeichnung der Nichtbeteiligten.

Eine Konzeption ohne Programm
ist ein Traum.

Jüdisches Sprichwort

Man kann die raffiniertesten
Computer der Welt benutzen
und alle Diagramme
und Zahlen parat haben,
aber am Ende muss man
alle Informationen auf
einen Nenner bringen,
muss einen Zeitplan machen
und muss handeln.

Lee Lacocca

Plant das Schwierige da,
wo es noch leicht ist.
Tut das Große da,
wo es noch klein ist.
Alles Schwere auf Erden
beginnt stets als Leichtes.
Alles Große auf Erden
beginnt stets als Kleines.

Laotse

Was ist eine Konzeption?

Eine **Konzeption** ist eine umfassende, schriftlich verfasste Zusammenstellung eines größeren Vorhabens. Sie enthält in der Regel:

- Ziele (Was wollen wir umsetzen?),
- daraus abgeleitete Strategien und Maßnahmen zur Umsetzung (Wie wollen wir es umsetzen?),
- die dazu notwendigen Informationen und Begründungszusammenhänge (Warum wollen wir es umsetzen?),
- ggf. einen Zeit- und Maßnahmenplan (Wann/bis wann wollen wir es umsetzen?).

Konzeptionen liegen dem Vorhaben zugrunde und sollten daher in regelmäßigen Zeitabständen überprüft und aktualisiert werden.

Ein **Konzept** ist in der Intensität der Vorüberlegungen und der theoretischen Auseinandersetzung mit dem Vorhaben sehr viel geringer als eine Konzeption.

Ein **Konzept** könnte sein:

- ein Plan, ein Programm für ein Vorhaben,
- ein erster Entwurf,
- ein Brainstorming zum Thema,
- die Vorstufe einer Konzeption.

„Konzeption" bedeutet für mich:

Protokoll

Datum: ______________________ **Protokollführerin:** ______________________

Thema: ____

____

Anwesende: ____

____

____

____

Inhalte (stichpunktartig):

____

____

____

____

____

____

____

____

____

____

____

Zitate:

____

____

____

____

Elternfragebogen

Liebe Eltern,

wir arbeiten an der Überarbeitung unserer Konzeption. Darin möchten wir natürlich auch auf Ihre Bedürfnisse und Wünsche eingehen. Ziel dieses Fragebogens ist es, herauszufinden, wie Sie unsere pädagogische Arbeit und die Rahmenbedingungen beurteilen und welche Änderungen Sie uns eventuell vorschlagen. Durch Ihre Mithilfe kommen wir zu ehrlichen und konkreten Aussagen.

Bitte füllen Sie den Fragebogen durch Ankreuzen der zutreffenden Antwort aus und machen Sie gegebenenfalls Bemerkungen. Werfen Sie ihn dann in den Elternbriefkasten im Eingangsbereich. Vielen Dank!

1. Besucht Ihr Kind unsere Einrichtung gern und freut sich auf den Kindergarten?

☐ überwiegend ja ☐ überwiegend nein

2. Fühlen Sie sich beim Bringen und Abholen Ihres Kindes in Bezug auf die Übergabe an uns wohl?

☐ überwiegend ja ☐ überwiegend nein

Begründungen:

____

____

____

3. Wie empfinden Sie die Atmosphäre in unserem Haus? (mehrere Antworten möglich)

☐ überwiegend entspannt ☐ überwiegend angespannt

☐ gemütlich ☐ ungemütlich

☐ offen, aufgeschlossen ☐ verkrampft, festgefahren

☐ herzlich ☐ unfreundlich

☐ warm ☐ kalt

4. Wie beurteilen Sie unsere Mitarbeiter/innen? (mehrere Antworten möglich)

- ☐ überwiegend freundlich
- ☐ überwiegend unfreundlich
- ☐ fachlich kompetent
- ☐ fachlich inkompetent
- ☐ als Ansprechpartner
- ☐ kein Ansprechpartner
- ☐ Ich vertraue ihnen.
- ☐ Ich habe kein/wenig Vertrauen.
- ☐ Ich empfinde sie als Partner.
- ☐ Ich fühle mich allein gelassen.

Anmerkungen:

____

____

____

5. Was finden Sie an unserer täglichen Arbeit besonders gut? Was sollten wir unbedingt beibehalten?

____

____

____

6. Sind Sie derzeit verärgert über unsere Einrichtung/Mitarbeiter/innen? Wenn ja, was bzw. wer hat Sie verärgert?

- ☐ ja
- ☐ nein

Bemerkungen:

____

____

____

7. Was schlagen Sie uns zur Verbesserung unserer Arbeit vor? Welche Wünsche haben Sie an uns?

____

____

____

Herzlichen Dank für Ihre Mithilfe!
Ihr Team der

Visitenkarte

Name: ____________________

Was kann ich gut?

Welche Tätigkeiten vermeide ich lieber?

Was ist mir bei der Zusammenarbeit mit anderen Menschen wichtig?

Was treibt mich in einem Team zur Verzweiflung?

Name: ____________________

Was kann ich gut?

Welche Tätigkeiten vermeide ich lieber?

Was ist mir bei der Zusammenarbeit mit anderen Menschen wichtig?

Was treibt mich in einem Team zur Verzweiflung?

Unterschriftensammlung „Meine Stärken"

Stärken/Kompetenzen	**Unterschriften**
Ich kann gut malen und zeichnen.	
Ich kann mich gut schriftlich ausdrücken.	
Ich bin ein Organisationstalent.	
Ich bastele gern.	
Ich kann ein Instrument spielen.	
Ich kann andere schnell für etwas begeistern.	
Ich kann gut vorlesen.	
Ich fotografiere gern.	
Ich kann gut mit der Videokamera umgehen.	
Ich arbeite gern am Computer.	
Ich recherchiere gern etwas.	
Ich kann gut kochen und backen.	
Ich bin handwerklich begabt.	
Ich kann gut Geschichten erzählen.	
Ich kann gut auf fremde Menschen zugehen.	
Ich dekoriere gern – z.B. Tische oder Räume.	
Ich kann gut nähen.	
Ich habe schauspielerisches Talent.	
Ich bin sehr kommunikativ.	
Ich habe spontan immer viele Ideen.	

Die Fünf-Schritt-Folge

1. Was verstehe ich/was verstehen wir unter diesem Thema?

2. Was sagt die Fachliteratur zu diesem Thema?

3. Wie setzen wir das Thema bisher um, wo stehen wir (IST)?

4. Welche Ziele wollen wir mit diesem Thema erreichen, wo wollen wir hin (SOLL)?

5. Mit welchen Methoden wollen wir das umsetzen (WEG)?

Mustergliederung für Konzeption

- Deckblatt (Konzeption der Einrichtung … und Foto, Stand vom: …Datum)
- Kontaktdaten der Einrichtung/ Ansprechpartner (Anschrift, E-Mail, Fax, Homepage, Telefon etc.)
- Vorstellung der Einrichtung, Träger (eventuell Leitbild des Trägers)
- Rahmenbedingungen (wie z.B. Öffnungszeiten, Kapazität, Standort etc.)
- Gesetzliche Bestimmungen (Auflistung der gesetzlichen Vorgaben Bund und Land… eventuell Trägervorgaben, wie z.B. Hausordnung)
- Lebenswelt der Kinder und Familien vor Ort
- Sozialraum (Kinderstadtplan, sozial, kulturell, wirtschaftlich, ökologisch)
- Schutzauftrag (SGB VIII, Bundeskinderschutzgesetz)
- Leitbild der Einrichtung (Bezug auf Wertorientierung, welche Motivation liegt all unserem Tun zugrunde)
- Vorstellung der Räumlichkeiten (z.B. Raumplan, Größe und Funktion der Räume, sowie Ausstattung mit Spielmaterial und Spielzeug)
- Ablauf der Eingewöhnung (Übergang von der Familie in die Einrichtung)
- Exemplarischer Tagesablauf (Mahlzeiten und Ruhephasen)
- Bild vom Kind / Rolle der pädagogischen Fachkraft
- Pädagogische Arbeit
- Falls vorhanden: besonderes pädagogisches Profil (Montessori-, Waldorf- oder Reggio-Pädagogik oder Schwerpunkt wie Natur)
- Frühkindliche Bildung: wie lernen Kinder, Bildungsthemen, Bezug zum länderspezifischen Bildungsplan
- Beobachtung und Dokumentation der kindlichen Entwicklung
- Rituale, Traditionen und Höhepunkte
- Gestaltung des Übergangs innerhalb der Einrichtung (Krippe zu Kindergarten)
- Gestaltung des Übergangs in die Schule
- Bildungs- und Erziehungspartnerschaft mit den Eltern
- Kooperationen mit anderen Institutionen
- Team (Vorstellung, -beratung, Verantwortlichkeiten, Freizeit, Praktikanten)
- Fort- und Weiterbildung der pädagogischen Fachkräfte (auch Fachberatung benennen)
- Quellenachweis

Evaluationsbogen

Datum: ____________________

Welche konkreten Aufgaben haben wir uns laut Konzeption gestellt?	Was haben wir davon in der Praxis umgesetzt?	Wie haben wir diese Aufgaben umgesetzt? (Absprachen, wie oft, wann)	Wer hat diese Aufgaben erfüllt? (Mit wem zusammen?)	Welche Aufgaben wurden nicht umgesetzt?	Warum wurden diese Aufgaben nicht umgesetzt?	Wie zufrieden sind wir mit der bisherigen Umsetzung?

Literaturtipps

Hier finden Sie eine umfangreiche Zusammenstellung von Literaturhinweisen, die Sie in der Zeit Ihrer Konzeptionserarbeitung nutzen können. Zur besseren Orientierung ist sie in thematische Bereiche untergliedert.

Grundlagen:

- *Krenz, Armin:*
  Psychologie für Erzieherinnen und Erzieher.
  Cornelsen Scriptor. Berlin, 2007.
- *Müller, C. Wolfgang:*
  Menschen zu Menschen bilden.
  Cornelsen Scriptor. Berlin, Düsseldorf, Mannheim, 2007.
- *Wiklund Dahl, Eva:*
  Mit dem Lehrplan in der Tasche – Grundlagen frühkindlicher Bildung in schwedischen Vorschulen.
  Fortbildning ab. 2006.
- *Rabe-Kleberg, Ursula:*
  Gender Mainstreaming und Kindergarten.
  Beltz Verlag. Weinheim, Basel, Berlin, 2003.

Raumgestaltung:

- *Bendt, Ute; Erler, Claudia:*
  Spielbudenzauber. Sinnvolle Raumgestaltung in der Kita und Krippe.
  Verlag an der Ruhr, Mülheim, 2010.
- *Bendt, Ute; Erler, Claudia:*
  Spielbudenideen. Praxislösungen zur Raumgestaltung in Kita und Kindertagespflege.
  Verlag an der Ruhr, Mülheim, 2013.
- *Köckenberger, Helmut:*
  Bewegungsräume.
  Bormann Verlag modernes lernen. Basel, 2007.
- *Von der Beek, Angelika:*
  Bildungsräume für Kinder von Null bis Drei.
  Verlag das Netz. Weimar, Berlin, 2006.
- Österreicher, H.; Prokop, E.:
  Kinder wollen draußen sein.
  Kallmeyer. Seelze, 2006.
- *Franz, M.; Vollmert, M.:*
  Raumgestaltung in der Kita.
  Don Bosco. München, 2005.
- *Hermann, G.; Wunschel, G.:*
  Erfahrungsraum Kita.
  Beltz Verlag. Weinheim, Berlin, Basel, 2002.
- *Reggio Children:*
  schuh und meter.
  Beltz Verlag. Weinheim, Basel, Berlin, 2002.
- *Von der Beek, A.; Buck, M.; Rufenach, A.:*
  Kinderräume bilden.
  Beltz Verlag. Weinheim, Berlin, Basel, 2001.
- *Pappler, M.; Witt, R.:*
  NaturErlebnisRäume.
  Kallmeyer. Seelze-Velber, 2001.
- *Mahlke, W.; Schwarte N.:*
  Raum für Kinder.
  Beltz Verlag. Weinheim, Basel, 1997.
- *Schneider, Kornelia:*
  Krippenbilder.
  FIPP Verlag. 1993.

Das Spiel des Kindes:

- *Partecke, Erdmute:*
  Lernen in Spielprojekten.
  Beltz Verlag. Weinheim, Basel, 2004.

Rechte der Kinder:

- *Bundesministerium für Familie, Senioren, Frauen und Jugend:*
  Die Rechte der Kinder von logo!
  Einfach erklärt. 6. Auflage.
  Berlin, 2007.

- *Ministerium für Schule, Jugend und Kinder des Landes Nordrhein-Westfalen:*
  Die Rechte der Kinder.
  Düsseldorf, 2004.

Beobachten und Dokumentieren:

- *Lipp-Peetz, Christine:*
  Praxis Beobachtung.
  Cornelsen Scriptor. Berlin, Düsseldorf, Mannheim, 2007.

- *Bostelmann, Antje:*
  So gelingen Portfolios in Kita und Kindergarten.
  Verlag an der Ruhr. Mülheim an der Ruhr, 2007.

- *Bostelmann, Antje:*
  Das Portfolio-Konzept für Kita und Kindergarten.
  Verlag an der Ruhr. Mülheim an der Ruhr, 2007.

- *GEW:*
  Bildung sichtbar machen.
  Verlag das Netz. Weimar, Berlin, 2006.

- *Bertelsmann Stiftung:*
  Guck mal! Bildungsprozesse des Kindes beobachten und dokumentieren.
  Verlag Bertelsmann Stiftung. Gütersloh, 2005.

- Grace, C.; Shores, E. F.:
  Portfolio-Buch für Kindergarten und Grundschule.
  Verlag an der Ruhr. Mülheim an der Ruhr, 2005.

- Krok, G.; Lindewald, M.:
  Portfolios im Kindergarten – das schwedische Modell.
  Verlag an der Ruhr.
  Mülheim an der Ruhr, 2005.

- *Hebenstreit-Müller, S.; Kühnel, B.:*
  Kinderbeobachtung in Kitas.
  Dohrmann Verlag. Berlin, 2004.

- *Kazemi-Veisari, Erika:*
  Kinder verstehen lernen.
  Kallmeyer Verlag. Seelze-Velber, 2004.

- *Thiesen, Peter:*
  Wahrnehmen Beobachten Experimentieren.
  Beltz Verlag. Weinheim, Basel, 2001.

Öffentlichkeitsarbeit:

- *Krenz, Armin:*
  Handbuch Öffentlichkeitsarbeit.
  Professionelle Selbstdarstellung für Kindergarten, Kindertagesstätte und Hort. Verlag Herder. Freiburg im Breisgau, 1997.

Spracherwerb:

- *Pica, Rae:*
  Literacy – erste Entdeckungsreisen in die Welt der Schrift.
  100 Spiele und Übungen für 4- bis 6-Jährige. Verlag an der Ruhr. Mülheim an der Ruhr, 2008.

- *Tenta, Heike:*
  Literacy in der Kita.
  Don Bosco Verlag. München, 2007.

- *Dunbar, Polly:*
  Sag doch was!
  Kerle im Verlag Herder. Freiburg im Breisgau, 2007.

- *Seitz, Marielle:*
  Vom Formenzeichnen und Schreibenlernen.
  Don Bosco. München, 2006.

- *Friedrich, G.; De Galgóczy, V.:*
  Komm mit ins Buchstabenland.
  Christophorus Verlag.
  Freiburg im Breisgau, 2006.
- *Jampert,K.; Leuckefeld, K.; Zehnbauer, A.; Best, P.:*
  Sprachliche Förderung in der Kita.
  Verlag das Netz. Weimar, Berlin, 2006.
- *Zinke, P.; Bostelmann, A.; Metze, T.:*
  Vom Zeichen zur Schrift.
  Beltz Verlag. Weinheim, Basel, 2005.
- *Christiansen, Christiane:*
  Wuppis Abenteuer-Reise.
  Finken Verlag. Oberursel, 2005.
- *Kohl, Eva Maria:*
  Schreiblernräume.
  Kallmeyer Verlag.
  Seelze-Velber, 2005.
- *Neumann, Christine:*
  Bücherspaß in der Kita.
  Don Bosco Verlag. München, 2005.
- *Loos, R.; Grannemann, P.:*
  Praxisbuch Spracherwerb 1–3.
  Don Bosco. München, 2004.
- *Mehr Zeit für Kinder:*
  Sprich mit mir!
  Mehr Zeit für Kinder e.V.
  Frankfurt am Main, 2004.
- *Gottstein, Ingrid:*
  Ram sam sam und Pimpelchen.
  Beltz Verlag. Weinheim, Basel, 2000.
- *Kohl, Eva Maria:*
  Spielzeug Sprache.
  Luchterhand Verlag. Neuwied, Kriftel, Berlin, 1995.
- *Bausteine Kindergarten:*
  Überall sind Zeichen.
  Bergmoser und Höller Verlag.
  Heft 2/1994.

Zusammenarbeit mit Eltern:

- *Bostelmann, Antje:*
  Achtung Eltern! im Kindergarten.
  Verlag an der Ruhr. Mülheim an der Ruhr, 2007.
- *Prott, R.; Hautumm, A.:*
  12 Prinzipien für eine erfolgreiche Zusammenarbeit von Erzieherinnen und Eltern.
  Verlag das Netz. Berlin, 2004.
- *Mehr Zeit für Kinder:*
  Eltern sein – Die ersten Jahre.
  Mehr Zeit für Kinder. Frankfurt am Main, 1999.

Gesprächsführung/ Teamsitzungen:

- *Sperling/Stapelfeldt/Wasseveld:*
  Moderation. Jokers edition.
  Planegg bei München, 2007.
- *Jiranek, H.; Edmüller, A.:*
  Konfliktmanagement.
  Jokers edition. Planegg bei München, 2007.
- *Seifert, J. W.; Göbel, H.–P.:*
  Games.
  Gabal Verlag. Offenbach, 2001.
- *Seifert, Josef W.:*
  Visualisieren Präsentieren Moderieren.
  Gabal Verlag. Offenbach, 2001.
- *Pesch, Ludger:*
  Moderation und Gesprächsführung.
  Beltz Verlag. Weinheim, Basel, Berlin, 2001.
- *Motamedi, Susanne:*
  Konfliktmanagement.
  Gabal Verlag. Offenbach, 1999.
- *Huth, Anne:*
  Gesprächskultur mit Eltern.
  klein & groß PraxisExpress. Beltz Verlag.
  Weinheim, Basel, 2006.

- *Bröder, Monika:*
  Gesprächsführung in Kita und Kindergarten.
  Ein praktischer Leitfaden. Verlag Herder. Freiburg im Breisgau, 2004.

Team:

- *Pommerenke, Ulrich:*
  Motivation und Erfolg.
  Gabal Verlag. Offenbach, 2004.
- *Cramer, Martin:*
  Arbeitszeitmodelle und Dienstplangestaltung.
  Beltz Verlag. Weinheim, Basel, Berlin, 2003.
- *Pesch, L.; Sommerfeld, V.:*
  Beschwerdemanagement.
  Beltz Verlag. Weinheim, Basel, Berlin, 2003.
- *Lachnit, Petra:*
  Zeitmanagement für Erzieherinnen.
  Don Bosco Verlag. München, 2002.
- *Lill, Gerlinde:*
  Führen und Leiten.
  Luchterhand. Neuwied, Kriftel, Berlin, 2002.
- *Pesch, L.; Sommerfeld, V.:*
  Teamentwicklung.
  Beltz Verlag. Weinheim, Basel, Berlin, 2000.

Konzeption:

- *Groot-Wilken, Bernd:*
  Konzeptionsentwicklung in der KiTa.
  Herder, Freiburg im Breisgau, 2009.
- *Jacobs, Dorothee:*
  Die Konzeptionswerkstatt in der Kita.
  Verlag das Netz, Berlin, 2009.
- *Krenz, Armin:*
  Konzeptionsentwicklung in Kindertagesstätten.
  Bildungsverlag EINS GmbH, Troisdorf, 2008.
- *Bendt, Ute; Erler, Claudia:*
  Tagesmutter werden – Tagesmutter sein. Der Praxisratgeber für die professionelle Kindertagespflege.
  Verlag an der Ruhr, Mülheim, 2012.

Entwicklungspsychologie:

- *Krenz, Armin:*
  Was Kinder brauchen.
  Cornelsen Scriptor. Berlin, Düsseldorf, Mannheim, 2007.
- *Schäfer, Gerd E.:*
  Bildung mit der Geburt.
  Beltz Verlag. Weinheim, Basel, Berlin, 2004.
- *Haug-Schnabel, G.; Bensel, J.:*
  Vom Säugling zum Schulkind – Entwicklungspsychologische Grundlagen. Kindergarten heute.
  Herder Verlag. Freiburg im Breisgau, 2004
- *Laewen, H.-J.; Andres, B.; Hédervári, É.:*
  Die ersten Tage – ein Modell zur Eingewöhnung in Krippe und Tagespflege.
  Beltz Verlag. Weinheim, Basel, 2003.
- *Laewen, H.-J.; Andres, B.:*
  Künstler, Forscher, Konstrukteure.
  Beltz Verlag. Weinheim, Basel, Berlin, 2002.
- *Van Dieken, Christel:*
  So geht's mit Krippenkindern.
  Kindergarten heute. Herder Verlag. Freiburg im Breisgau, 2002.
- *Lill, G.; Sporleder, W.:*
  Von Abflugrampe bis Zwischenlandung.
  Luchterhand. Neuwied, Kriftel, Berlin, 2000.
- *Sommer, Brigitte:*
  Tausendfühler.
  Luchterhand. Neuwied, Kriftel, Berlin, 1993.

- *Bendt, Ute; Erler, Claudia:*
  Willkommen in der Krippe!
  Praxistipps und Materialien zur Eingewöhnung. Verlag an der Ruhr, Mülheim, 2011.

Naturwissenschaften:

- *Hündlings, Andrea:*
  Wasserforscher und Luftikusse.
  Ausgearbeitete Experimentierstunden für 4- bis 7-Jährige. Verlag an der Ruhr. Mülheim an der Ruhr, 2007.
- *Lück, Gisela:*
  Forschen mit Fred.
  Finken Verlag. Oberursel, 2007.
- *Cornell, Joseph:*
  Mit Cornell die Natur erleben.
  Verlag an der Ruhr. Mülheim an der Ruhr, 2006.
- *Rusch, Martina:*
  Der Kräutergarten in der Kita.
  Don bosco. München, 2004.
- *Stamer-Brandt, Petra:*
  Abenteuer Wald und Wiese.
  Christophorus Verlag. Freiburg im Breisgau, 2004.
- *Hoenisch, N.; Niggemeyer, E.:*
  Mathekings. Verlag das Netz. Weimar, Berlin, 2004.
- *Landwehr, Kerstin:*
  Das große Buch der 111 interessantesten Experimente.
  Compact Verlag. München, 2006.
- *Dahle, Gabriele:*
  Mathematik und Naturwissenschaften – Heft 8.
  Olzog Verlag. München, 2006.

Kunst:

- *Krenz, Armin:*
  Was Kinderzeichnungen erzählen.
  Verlag modernes lernen. Dortmund, 2004.
- *De Coster, Birgit:*
  Kinder entdecken Hundertwasser.
  Persen Verlag. Horneburg, 2004.
- *Brandenburg, Birgit:*
  Paul Klee für Kinder.
  Verlag an der Ruhr. Mülheim an der Ruhr, 2002.
- *Lebéus, Angelika-Martina:*
  Kinderbilder und was sie uns sagen.
  Beltz Verlag. Weinheim, Basel, 2001.
- *Kohl, MaryAnn F.:*
  Matschen. Kallmeyer Verlag. Seelze-Velber. 2001.
- *Wierz, Jakobine:*
  Aber ich kann doch gar nicht malen!
  Verlag an der Ruhr. Mülheim an der Ruhr, 2000.
- *Beutl, Petra:*
  Fühl das Rot und sieh das Blau.
  Christophorus Verlag. Freiburg im Breisgau, 1998.
- *Kreusch-Jakob, Dorothee:*
  Klangwerkstatt für Kinder.
  Don bosco. München, 2002.

Bewegung:

- *Kempf, H.-D.; Pfänder, B.:*
  Kindergarten in Bewegung.
  Borgmann Media. Basel, 2006.
- *Pauli, S.; Kisch, A.:*
  Geschickte Kinder.
  Verlag modernes lernen. Dortmund, 2006.

DIE AUTORINNEN

Ute Bendt ist Kindheitspädagogin, Fachberaterin für Erzieher/innen und Tagespflegepersonen sowie bundesweit tätige selbstständige Dozentin. Sie war fünf Jahre lang Leiterin einer Reggio-orientierten Kindertagesstätte, bevor sie sich für die hauptberufliche Weiterbildung von Pädagoginnen und Pädagogen entschied.

Claudia Erler ist Kommunikationswissenschaftlerin und arbeitet als freiberufliche Texterin, Lektorin und PR-Referentin in Berlin. Pädagoginnen und Pädagogen bildet sie als Dozentin bundesweit, hauptsächlich zu den Themen Kommunikation und Öffentlichkeitsarbeit, weiter.

Gemeinsam veranstalten die Autorinnen mehrmals jährlich pädagogische Fachkongresse und Fachtage. Einige Seminarthemen führen sie als Dozentinnenteam durch. Außerdem verfassen sie Artikel für überregionale Fachzeitschriften und erarbeiten gemeinsam Curricula für Qualifizierungsmaßnahmen von Kita-Leiterinnen.

Verlag an der Ruhr

Postfach 10 22 51
45422 Mülheim an der Ruhr

Telefon 030/89 785 235
Fax 030/89 785 578

bestellungen@cornelsen-schulverlage.de
www.verlagruhr.de

Es gelten die Preise auf unserer Internetseite.

Spielbudenzauber

Sinnvolle Raumgestaltung in Kita und Krippe

118 S., A4, Paperback, farbig
ISBN 978-3-8346-0636-5

Spielwiesenzauber

Sinnvolle Außengestaltung in Kita und Krippe

104 S., A4, Paperback, farbig
ISBN 978-3-8346-0720-1

Tagesmutter werden – Tagesmutter sein

Der Praxisratgeber für die professionelle Kindertagespflege

128 S., A4, Paperback, farbig
ISBN 978-3-8346-0990-8

Das Portfolio-Konzept für Kita und Kindergarten

129 S., A4, Paperback, farbig
ISBN 978-3-8346-0199-5

Eltern informieren, überzeugen und begeistern

bis 6 J., 96 S., A4, Paperback, farbig,
ISBN 978-3-8346-0827-7

Wirkungsvolle Eltern- und Öffentlichkeitsarbeit für die Kita

144 S., A4, Paperback, farbig
ISBN 978-3-8346-0918-2

Praxisbuch Krippenarbeit

Leben und lernen mit Kindern unter 3

130 S., A4, Paperback, farbig
ISBN 978-3-8346-0353-1

Willkommen in der Krippe!

Praxis-Tipps und Materialien zur Eingewöhnung

56 S., A4, Paperback, farbig
ISBN 978-3-8346-0851-2

Keiner darf zurückbleiben